SFV

Peter Henisch

Hamlet bleibt

S. Fischer

Lektorat: Hans-Jürgen Schmitt

Erstausgabe

Gesamtherstellung: R. Bardtenschlager, Reutlingen
Gesetzt aus der Times–Antiqua
Printed in Germany 1971
ISBN 3 10 032801 9

Inhalt

Fluchtversuch

I

1

sie schätzen sein leichtgewicht, haben das im griff, gehen wetten ein, notieren seine körpergröße. sie fotografieren ihn, zeichnen seinen umriß an die stelle, an der er gelegen hat. die landkarte, mit der er zugedeckt war, ordentlich, wird zusammengerollt und mitgenommen zur untersuchung. die wohnungsvermieterin reißt ein fenster auf.

seine bartstoppeln waren anderthalb wochen lang, erzählt sie der hausmeisterin, grün. während sie ihn aufs eis legen, anderwärts, gibt vor der zuständigen behörde der, der die tür eingetreten hat, den zustand der wohnung zu protokoll. verweist die vermieterin auf ihre ausreisebewilligung. jawohl: die fenster verklebt, die schlüssellöcher verstopft. natürlich: ein paar mal habe jemand bei ihm geklingelt. die türen vernagelt, sogar der lüftungsschacht. mitgliedsbeitragskassiere. dosen zu mauern gestapelt.

gasgeruch sei keiner zu spüren gewesen.

2

und der andere steht herum um recherchen, um den umriß in kreide, der wie lange noch bleibt von dem einen, den sie weggebracht haben, den gepölzten gang, die treppe mit dem stellenweise nicht vorhandenen geländer (vorsicht) entlang, hinunter, und spürt im kreuz die ungeduld der kollegen, die schon wieder draußen sind durch die türfüllung, washaterdenn (?), und zäh nur kommen seine sohlen los von dem zimmer, das er eigentlich schon verlassen hat wollen beim einstieg, blödsinnigerweise und gegen alle gesetze der routine.

3

die wände, wird diktiert und getippt mit mehreren durchschlägen, tapeziert mit geometrischen zeichnungen. entwürfe einer stadt mit sehr geraden straßen. namen auf obgenannter karte (einer schulwandkarte, format 160 · 180) durchgestrichen mittels rotstift und durch andere, offenbar frei erfundene ersetzt. verstreut auf zetteln notizen in einer fremden sprache.

sicher, sagt der delikatessenhändler, die konserven seien bei ihm gekauft. einige dutzend dosen hätten aus dem magazin geholt werden müssen für den merkwürdigen herrn. merkwürdig wegen seiner (nach so langer zeit allgemeiner entbehrung geradezu skurrilen) aversion gegen fleisch. ausschließlich fisch und gemüse habe der herr verlangt.

4

das schreckt ihn hoch aus dem halbschlaf, wird spürbar gefäßverengend um die schläfen: daß er es nur *wieder*erkennt, wiedererkennen *kann*, dieses bis zur unerträglichkeit anschwellende, motorhaft vibrierende geräusch, woher bloß (?), aus dem fieber, der kindheit (?), weiß, daß es nur begleitet, verursacht sein muß von etwas, das er kennt als unbekanntes, obwohl (oder weil?) es seit je auf ihn zukommt, *zurast*, mit ungeheurer beschleunigung, aber nie, das heißt immer, schon da ist, ihn zu überrollen. und was bleibt übrig, was ist möglich, als auf- und abzulaufen, nur nicht zu liegen und einfach zu warten darauf, fröstelnd trotz rasch übergestreiftem schlafrock, ab und auf in einem (vielleicht demselben) zimmer jenes hotels, in das der andere damals gefallen ist am tag seiner ankunft.

unbedingt dableiben wollen habe der mensch. obwohl man kein einbettzimmer mehr freigehabt habe. so spät sei in weitem umkreis sonst nichts mehr offen.

die regentropfen am fenster. er zahle für zwei. – man habe ihm also den koffer abnehmen wollen. doch seine hand sei nicht losgekommen vom griff. und dann, beim ausfüllen seiner meldezettel: da habe er seinen namen zu schreiben vergessen.

5

ein armer teufel halt, der hier bei uns um politisches asyl angesucht habe. dem stubenmädchen in die quere gekommen sei, etwas auf den lippen, täglich beim lüften, zusammenkehren. student offiziell, angeblich architektur. habe aber lange kein wort herausgebracht. ziemlich nervös (erzählt der hotelportier). sein vorgänger habe den einmal tüchtig erschreckt. und zwar durch simple verwechslung mit einem anderen gast. (das heißt mit der bloßen anschrift auf einem couvert –.)

die angst, einen brief zu bekommen aus seiner alten heimat. klar: die verhältnisse seien dort kannibalisch. eigentlich habe er nur mit dem kellner kontakt gehabt. (dem alten.)

beim schachspielen muß man nichts reden: man wartet und zieht.

6

dochdoch, klar kenne sie den, wenn er auch etwas fremd dreinschaue auf dem bild, automatenfoto, was (?). gegangen sei sie mit dem und gelegen auch, bevor er zu spinnen begonnen habe, sich verbarrikadiert, verschanzt in seiner untermietwohnung. dabei habe sie ihm die bleibe selber, gar nicht so einfach in solchen zeiten, verschafft. aber wenn einer nicht mehr wolle, adieu schöne gegend, dann solle er sie.

die frau rückt dem ans sakko, der an ihren tisch gewiesen worden ist. züngelt das glas aus, das er mitgebracht hat, clever. ob er sie eigentlich aushorchen wolle und warum. ob er ihr einen hunderter pumpen könne.

sicher, komisch sei der gewesen, das wolle sie meinen. wie – (?): an so was erinnert man sich nicht leicht. immer noch gäbe es eine private sphäre. (in anbetracht des galopps der inflation.)

tuchenten habe der aufgetürmt und polster. um straßen und plätze anzulegen im bett. auch ihr körper habe der topografie gedient. (so sein ausdruck) nein: sie sei kinderliebend.

7

sie habe ihn ganz gern gehabt, den jungen mann, erzählt die vermieterin, rotzt. zuhören habe er können wie sonst keiner, solang er, höchst untalentiert aber doch, die landessprache habe lernen wollen. das heft zum vokabeln notieren habe er x mal verlegt. und x mal habe sie ihm dieselben wörter diktiert. zuweilen extra zu ihm hingefahren sei sie. obwohl sie das etablissement längst als alleinuntermiete führe. er habe sie nämlich an ihren seligen sohn erinnert. den sie fürs vaterland hingegeben habe.

8

wie er ihre gesten studiert habe mit nervenzermürbender geduld. sich die einzelnen phasen aufgezeichnet habe, schematisch um auch in ihrer abwesenheit trainieren zu können. sein genick habe frieren lassen um des hier üblichen haarschnitts willen. ihrem geruch auf den grund gegangen sei, um ihn anzunehmen. die langen hände der blonden sind sehr aktiv. und die kontaktfreudigkeit ihres knies ist bemerkenswert. weiter, sagt der, dessen arm sie um sich gelegt hat. weiter: was hat er noch für marotten gehabt.

anfangs habe er ihren namen verwechselt. nicht mit dem namen einer anderen frau. aber mit dem der stadt.

das sei ulkig, was (?). ja: dann habe er sich den plan bestellt.

habe darauf seine wege programmiert. mit rotstift. vom zentrum aus sich erweiternde kreise. und habe sein plansoll abend für abend erfüllt. später (trotz ausgehverbots) dann nacht für nacht.

9

dann aber, knapp vor ihrer abreise (das winterwetter, erläutert die vermieterin, schade ihren lungen, das habe der parteigenosse amtsarzt bestätigt), als sie dem jungen herrn den mantel gebracht habe, den guten mantel ihres seligen sohns, kaum getragen und wie geschneidert für den anderen –: kein wort mehr gesprochen habe der da und auch den mantel durchaus nicht annehmen wollen. habe sich richtig gewehrt, ihn auch nur zu probieren, und sie (die vermieterin) glatt aus der tür gedrängt.

ob sie das etablissement jetzt wieder vermiete (?). tja: warum nicht. und zu ziemlich günstigem preis.

übrigens sehe der herr dem herrn recht ähnlich. man werde sich sicherlich ausgezeichnet verstehen.

10

weitererzählt wird von seinen ladenbesuchen. trotz allem habe man ihm den ausländer angemerkt. solange er selbst sich den ausländer angemerkt habe. dagegen nun sei er methodisch vorgegangen.

lang hin und her gestakt sei er vor dem geschäft. (dem ersten, das er betreten habe zu übungszwecken). habe die schnalle gegriffen, als sei sie elektrisch gewesen. und sei zusammengeschrocken wegen des klingelns über der tür.

und habe die modisch gewordenen stiefel probiert. (mit zitternden füßen). und nicht das geringste gekauft.

und fremdsprachig neben sich hermurmelnd sei er davon. sich noch von der straße aus über die schulter schauend.

beim nächsten versuch aber habe die sache schon besser geklappt. und immer weniger habe er fremd gewirkt. und schließlich kaum mehr zu unterscheiden von unsereinem. höchstens an seinen lang noch glühenden ohren.

II

1

daß meine füße wurzeln schlagen wollten im abteil, obwohl ich fortwährend angerempelt wurde ausgangwärts –

daß ich kein ohr hatte für die blechstimme draußen (ich sei da, wiederholte sie ständig den namen der stadt), noch für das ohnehin geduldige geräusper drinnen, immer näher hinter mir –

daß mein herz in den hals pulste unter der fremdberührung (hand auf der schulter) damals –

daß meine eigene hand mit krampf reagierte auf die zumutung (was hatte ich denn schon mitnehmen können?) die zumutung des halbleeren koffers –

daß mein körper nicht, daß kein nerv meines körpers, stadtwärts vorbeiwollte an der kasse, an der karten zu lösen gewesen wären zur weiterfahrt, egalwohin –

daß er, daß jeder seiner muskeln davonwollte, zurückwollte, vor jenem zebrastreifen, über den es auf mich zukam, zum ersten mal, kompakt, immer aus der gegenrichtung –

daß er nicht, daß kein stückchen haut, ins bett mochte, zwischen diese decken, denen ich insekten anzusehen mir einbildete, blutsaugende –

daß er, daß sein glied, abschlaffte, sich eher verkriechen wollte in sich selbst als in die frau, die sich da aufmachte vor mir –:

waren das nicht symptome genug rein organischer abwehr gegen etwas, das ich auch später nicht wahrhaben wollte, als es mehr als instinktiv faßbar wurde –?

– doch man hat ja ausreden parat, beschwichtigende, vernünftige, gegen das unvernünftige fleisch –:

man könne es, derart außer atem, eben noch nicht fassen etwa, endlich ausschnaufen zu dürfen –

oder man habe, mit so knapper not über der grenze, eben noch den schreck in den knochen und den darum angeordneten fasern, vor uniformierten besonders –

man sei saumüde, verständlicherweise, übernächtig halt bis in die haarwurzeln, nägel, die eichel nach all der anspannung –

man habe, bis in den kreislauf eingestellt auf flucht, halt noch das bedürfnis, weiterzufahren, weiterzurennen, widersinnig, über die endstation, ja verdammt noch einmal: die endstation hinaus.

2

und er geht den weg vom bahnhof nach, der ihm vorgegangen worden ist von seinem vorgänger an dessen ankunftstag, trägt, auf der suche nach einer adresse, die ihm jemand auf einen zettel gekritzelt hat, undeutlich, jenseits der grenze, wo er noch nicht war, gar nicht sein zu wollen hat angesichts der dortigen verglichen mit den hiesigen zuständen, trägt seinen koffer an scherbenbewehrten mauern entlang an stundenlangen, mit weißen, nach unten weisenden pfeilen beschmierten, und hat seine stadt (begreift er) noch nie gesehen –: das mißverhältnis zwischen zweierlei häusern etwa, von denen die einen, unausweichlich massiven, die anderen, rückspringend filigranen, förmlich erdrücken –; das zwischen fahrbahnen, die sich bedeutungsvoll breit-, und gehsteigen, die sich bescheiden schmalschultrig machen, obwohl es außer den zahlreichen lautsprecherwagen (KONSERVEN kauft, kauft KONSERVEN, KONSERVEN kauft) fast keine fahrzeuge gibt.

3

später –: als sie sich mehr und mehr ansetzten vor geschlossenen rollbalken, die frauen, die hinter geflickten kopftüchern, farblosen schürzen undefinierbar alten –

und als sie, hohläugiger, backenknochiger von tag zu tag, den polizisten nachschauten, den feisten, die immer spärlicher gesäten männer in zivil –

und als sie mir entgegenschlug aus nahezu jeder tür, hinter der nicht vermietet wurde an ausländer, soviel ich verstand – die angst –

und als ich sie schmeckte in ihrem (Marias) mund, die lüge auf meine frage betreffs der detonationen –

–: aber man kann, man muß sich ja einreden, nachbilder, *bloße* nachbilder, nachhall, *bloßen* nachhall, nachgeruch, falls es auch so etwas gibt, *bloßen* nachgeruch, und *bloßen* nachgeschmack zu sehen zu hören zu atmen zu schmecken, wenn man loswerden will, eindruck für eindruck, albdruck für albdruck, was die sinne (und nicht nur die sinne) vorbelastet.

4

aber das müsse so sein, hat sie schon ihrem sohn erzählt, bis dem als ebenso sicher daran zu glauben nichts übrig geblieben ist –: jene sind die verwaltungsgebäude, gefüllt mit papier von unten bis oben, diese die wohnhäuser und somit bloß menschen enthaltend. und gewohnt werden könne nun einmal nicht ohne verwaltung, und zwar um so kompliziertere, je mehr der friede, in dem wervonunsdennicht zu hausen wünsche und darüber hinaus wenig, bedroht werde durch die menschenfressernachbarn, die eines tages vom himmel fallen könnten, verfinsternd, weshalb ihn schon jetzt kaum sehen zu lassen die regierung schwer umhin könne, der sirenen wegen, die in den blick hängen müßten aus platzmangel, besonders über die schmäleren dächer hinaus, pilzhaft wuchernd richtung gegenüberliegende straßenseite.

5

und warum denn ließ ich mich rückwärts sinken ins tiefe bettzeug, schlafpulverschwer –: den tagen davon, den fragen davon –

der frage zum beispiel, weshalb denn das fernrohr dort oben auf diesem aussichtsturm aufs stadtviertel jenseits des flusses zu schwenken hörbar (hysterisches kreischen) verboten sei –

weshalb ich ihn trotzdem unabweisbar perseveriere, entweder zwischen kreisfragmenten aus pendelndem, durch den vorhang gefilterten straßenlicht, oder (im häufiger werdenden fall der verdunklung) auch und besonders vor geschlossenen augen –:

diesen runden ausschnitt der stadt (schlote, lagerschuppen etc.) –

solchen fragen, besser: der einzigen antwort davon (ausrede: fremd sei man, habe kein urteil über das alles, *dürfe*, heißt das, kein urteil darüber haben, wenn man nicht fremd *bleiben* wolle –) –

wennicht, um mir nicht eingestehen zu müssen, ähnliches, gleiches, um himmels willen genau das alles (das folglich keinerlei alternative war) schon einmal erlebt zu haben.

6

wieder auf der straße aus jenem unter konservenplakaten erstickten haus, dessen gestützte treppe der andere schon gewendelt ist gegen die schwerkraft, die merkwürdig spürbare, und dann *mit* ihr, hastig, und am liebsten wäre er fallinear retour –

(dazwischen ist klappern gelockerter fliesen mit jedem schritt, sind hinterrücks spaltbreit sich öffnende türen, getuschel das echo findet hat immer noch echo, und ein gesicht, weit aufgerissen, blicke, die sich verfangen in seinen haaren, wird er erst später interpretieren können –)

– *aufatmend* wieder auf der straße, zerknüllt er (zum *wie*vielten mal?) den zettel, und weiß nicht *wen* fragen nach *welchem* weg *wohin*, und läßt sich treiben, und treibt in die straßenbahn, und merkt, wie genau sein kinn gemustert wird, sein noch im eilzug rasiertes –

und fühlt sich von knien und ellbogen attackiert, und antwortet nicht auf die frage des kondukteurs, begreift (mehr aus gesten als worten) dessen witz (der herr wolle offensichtlich zum aussichtsturm –), und weiß nichts dagegen und zählt das kleingeld nicht nach (das fremde), und platzängstlich bricht er zum sitzplatz durch, und duckt sich hinter der zeitung (die er nicht lesen kann),

und starrt durch die blauen scheiben.

7

sich durch formeln sichern, durch systeme, einer wirklichkeit gegenüber, nicht *zuwider*, die man sich anders wünscht, wünschen muß, als sie ist, aber (und darin besteht der kurzschluß) bloß für anders *erklärt*, beruhigungssüchtig –:

systeme, formeln, die z. b. eine aus irgendeinem grund, waskannmanschonwissen, *beunruhigende* asymmetrie der stadt-anlage, wie aus den rotstiftspuren meiner wege hervorgeht, heute hervorgeht, da ich sehe, sehen *will*, eine, *die* infame asymmetrie dieser grundriß-lüge, einfach hinzunehmen nahelegen –

sich sichern wie gesagt durch eine methode, die stadt kennenzulernen, die einem gewisse gegenden an der peripherie (das andere ufer etwa mit den arrealen der lebensmittelindustrie) erst sehr spät oder nie zu erreichen gestattet.

8

und auch für die länge der mauern hat er eine erklärung gehört, der kleine, von ihrem mann dem ebenfalls seligen, und für die breite der straßen ist auch dem kein anderer grund überliefert worden –: hinter jenen befänden sich die zahlreichen konservenlager (und es sei notwendig konserven zu lagern für den ernstfall einer blockade durch die kannibalen), diese aber seien zubringer für jene, würden befahren durch lastwagenkolonnen von den fabriken her, was jedoch nur nachts geschehe zum vorteil der lebensmittel sowohl als der stadtbewohner (man denke an sonneneinstrahlung und staub-, bzw. lärmentwicklung).

III

1

ob er schon bei der impfung gewesen sei, habe man ihn gefragt, und nachdem er den kopf geschüttelt habe, ratlos, ob er den aufruf nicht gelesen habe oder gehört. ob er die bei *nichtfolgeleistung binnen* angedrohten konsequenzen tragen oder sich nicht doch lieber melden wolle, unverzüglich, beim zuständigen magistrat. ob ihm seine eigene gesundheit sowie die seines, jawohl, dank gewisser verbindungen schon in allernächster zeit *seines volkes* so wenig am herzen liege. ob er denn nicht bescheidwisse über das alarmierende überhandnehmen des roten pigments.

und der das alles hören will, muß, sitzend in jenem fauteuil, in dem schon sein vorgänger gesessen ist der vermieterin gegenüber, fühlt sich nicht wohl, als in ebendiesem (wie oft schon dagewesenen?) augenblick, achtung achtung, wieder die stimme vorbeifährt am offenen fenster.

2

ein recht fähiger kerl (läßt er sich erzählen vom sektionspropagandaleiter) ein recht fähiger kerl, obwohl noch ausländer, sei der andere gewesen. zettelverteiler (läßt er sich anspornen, faßt die flugblätter, tausend pro vormittag, in seine tragtasche), zettelverteiler hätte der nicht zu bleiben brauchen. mit einem kugelschreiber an der brusttasche (wird er angegrinst) sei kein staat zu machen in unserer stadt. aber mit dem abzeichen auf dem revers sei alles zu arrangieren. der andere (hört er) habe das eingesehen. arbeitsbewilligung . . ., später das bürgerrecht . . .;

heute wäre er eine niedere nummer . . ., wennicht: aber das sei ein ausnahmefall. und dann steht der eine an der ecke, zettelverteilend, und der straßenkehrer ist jener, von dem sein protagonist geschrieben hat. mustert verkniffen den scheitel des neuen und hat, obwohl er ja nicht jener straßenkehrer sein *kann*, wenn man den aufzeichnungen glauben schenken darf, kein wort für den, der sie studiert seit wochen. und vielleicht rührt der ausdruck seines versperrten gesichts, rührt seine schweigsamkeit nur daher, daß er (wie sein kollege von jenem anderen) von diesem einen auch nichts weiter als arbeit zu erwarten hat.

3

die kannibalen seien, das wisse jeder, von natur aus rothaarig. das komme, sage die wissenschaft, vom menschenblut, das ihnen in den kopf steige. hätten sie andere als rote haare, so seien die gefärbt. nuancen der haarfarbe zeigen die neigung zum kannibalismus.

nichtkannibalische rothaarige sind bloß *noch* nicht kannibalische rothaarige. kannibalismus muß man erkennen *bevor* er zum ausbruch kommt. wer noch nicht rothaarig ist, kann es morgen schon sein.

besser ist vorbeugen, als gefressen werden.

4

jeden nachmittag (wird dem, der gedrängt wird schrittchen für schrittchen vom hintermann, schrittchen für schrittchen den vordermann weiterdrängt, der ledergepolsterten tür etwas näher, wird ihm berichtet) jeden nachmittag sei er angestanden, der andere, in erwartung seines buchstabens und des fotos, auf dem er aussieht, wie alle hiesigen, vorschriftsmäßig und glücklicherweise schwarzweiß, also stempelnswert. – doch dann, einen tag vor der tür, zwei konsonanten vor dem erwarteten (wundert sich das aufsichtsorgan) sei er ausgeblieben.

5

er habe ihr (erzählt sie dem, der hinter ihr lehnt am rand der wanne) wie gewöhnlich zugeschaut bei ihrer toilette, als sie ihm das erzählt habe. wie sie sich zusammengerottet hätten auf der universitätsrampe, vor den fabriktoren, (laut konservenzeitung) die rotschädel. die ruhe der wissenschaft (erzählt sie seinem spiegelbild, wischt die letzten reste des tönungsshampoons ins handtuch) gestört hätten, die zur entwicklung neuer konservierungsmethoden nötige. die ordnung der dosenproduktion gefährdet laut rundfunkkommentar.

brutal (sie führt eine spange mit spitzen fingern) hätten die kerle das notstandsgesetz ignoriert. eine verschwindende (sagt sie, winkelt den arm hoch) eine völlig programmlose minderheit. die genesung (sagt sie, setzt den rasierer an) unserer wirtschaft gewissenlos sabotierend. von wem finanziert (werde festgestellt) stehe fest. und toleranz müsse irgendwo grenzen haben.

6

das sei der tag auf die festivität gewesen. zur feier von ruhe & ordnung (weiß die vermieterin). nach liquidierung der letzten reste der subversion. und überwindung der permanenten versorgungskrise.

natürlich habe er teilgenommen daran. mit weit geöffneten augen fürs feuerwerk. besonders der kreistanz habe ihm imponiert, die hände und schultern der andern habe er krampfhaft umklammert.

und mit appetit gegessen von den konserven. den von den soldaten unter die leute verteilten . . .

plötzlich jedoch sei er aufgesprungen und sei davon. ein lastwagen sei vorbeigefahren (erinnert sie sich).

IV

1

daß er die augen immer häufiger hinter sich gehabt habe, unerträglich, erschreckend durch sein erschrekken, auf der straße. etwas gefaselt habe von einem mann im wettermantel. und täglich dasselbe gefragt mit kopfstimme beim nachhausekommen –: ob sich nicht jemand erkundigt habe nach ihm.

der das soeben erfahren hat, schaut sich um. unwillkürlich. versucht, darüber zu witzeln. die es erzählt hat, sagt nichts, schaut vorbei an ihm.

da schlägt er den kragen des wettermantels hoch.

2

wie er sich plötzlich interessiert habe für die kahlgeschorenen.

alles herum vergessen habe und ihnen nachgegafft.

wer das mal auf ihre stirnen drücke und warum.

woher und vor allen dingen *wohin* sie kämen.

wütend geworden sei, wenn man es nicht gewußt habe.

wenn man es gar nicht habe wissen *mögen*.

und dann geschwiegen habe, und dann gelacht –:

NEIN gelacht, er möge es AUCH NICHT wissen.

3

der erste, der verschwunden ist, war der hotelportier.

ein gebeugter, älterer mann, von dem man annehmen konnte, er sei in pension gegangen.

nach dem straßenkehrer, bei dem (besser: vor dessen besen, rechen) die von mir verteilten flugblätter

(die konservenpartei, habe ich lange nicht verstanden, wolle, wie alle parteien, die sie subsumiere, das beste, weswegen diese gar nicht mehr nötig seien; der wille der konservenpartei sei der wille aller, weswegen die anderen nichts mehr zu wollen hätten –)

nach dem straßenkehrer, vor dessen besen, rechen die flugblätter dieses inhalts vorwiegend endeten, habe ich schon nachdrücklicher gefragt, obwohl, genau wie im fall des portiers, sofort ein neuer mann die alte uniform ausfüllte.

was den kellner betrifft, so hätte der zweite dem ersten zum verwechseln ähnlich gesehen, wäre nicht das asthma verschwunden gewesen von einem tag auf den anderen. doch hat sich wenigstens in diesem fall das gerede vom erholungsaufenthalt auf staatskosten plausibel angehört.

4

morgen für morgen rattern sie durch meine straße. pünktlich vier uhr fünfzehn auftauchend aus der unterführung mit nebeldurchlotenden scheinwerfern. ebenso pünktlich zwei minuten früher erwache ich. um ans fenster gezogen werden, ungeachtet des zähneklapperns.

das ist die zeit meiner ersten begegnung mit ihnen: NOCH nicht ganz tag, doch AUCH nicht mehr völlig nacht. anläßlich meiner exploration der stadt. (der trotz des verbots nach einbruch der dunkelheit fortgesetzten).

die pflichtspaziergänge, die ich nicht vorverlegte . . . obwohl ich ja zeit gehabt hätte am nachmittag . . . zu meiner sonstigen integrität im gegensatz . . . und obwohl sie die »sicherheitsstreifen« verstärkten.

unlängst ist einer ausgeschert aus der kolonne. noch jetzt ist das bremsenquietschen in meinen nagelbetten. der beifahrer hat mit spitzigem stiefel die reifen geprüft.

da ist ein geräusch geschehen (kein tierisches) unter der plache hervor.

5

daß ihn, siewissenichtwer, angesprochen habe.

unter dem vorwand offenbar, ihn nach der uhrzeit zu fragen.

ihm eine nachricht zustecken habe wollen, einen kassiber.

und ER sei (soviel sie verstanden habe) davongerannt –:

das habe sich ausgewachsen zu einer art schuldkomplex.

er habe (so seine worte) schon *etwas* geahnt.

und spekuliert: das schüttere haar dieses mannes . . .

aber wahrscheinlich habe er all das geträumt.

6
schade, daß sein vorgänger (läßt sich der, der nachfolgen wird bis ans ende, ob er nun mag oder nicht, der nicht mehr herauskann aus der spur, in die er, statt sie auftragsgemäß zu verwischen, geraten ist, läßt sich der anquatschen), schade, daß sein vorgänger übergeschnappt sei, total, auf einen aussichtsturm gestiegen, und die flugblätter, allzu wörtlich genommen, in den wind habe flattern lassen, was sich keine firma leisten könne, nicht einmal die partei, wonach man nichts mehr von ihm gehört habe; schade (denkt der, der diese geschichte gehört hat, gestern, vor ein paar wochen, vor jahrhunderten) und steigt die stufen der aussichtswarte hinauf.

7
wie er damals zurückgekommen sei von siewissenichtwo. wie er sich ins zimmer gedrückt habe, tierhaft wandentlang. die vase auf dem tisch nachgeformt habe wie ein blinder. seine finger die möbel abgesucht hätten nach narben im holz. daß fenster und türen abgedichtet seien, darauf habe er plötzlich großen wert gelegt. auch daß die jalousien funktionierten und das sicherheitsschloß. sprünge im plafond seien schon wenige tage danach vergipst gewesen, auch solche, die sie nie gesehen habe, trotz ihrer neuen brille.

V

1
WENN.

wenn du damals nicht.

wenn ich damals nicht über die brücke.

wenn du damals nicht über die brücke gegangen wärst.

WENN.

aber du bist.

aber ich bin gegangen damals.

damals bist du gegangen über die brücke.

bist gegangen damals über die brücke trotz warnungsschild.

bist gegangen zu auf den schlot, zu auf die lagerhäuser bin ich gegangen, durch das gezeter der möwen, über den lauten (blechernen) boden;

doch die patrouille hat uns nicht bemerkt.

bist tatsächlich ans andere ufer gegangen.

in die farbe des rauchs, die farbe der abwässer dieser kanäle.

bist die lange, gerade (dort drüben nicht mehr getarnte), bin die lange, gerade straße gegangen, zu ende gegangen, (ausweichend böschunghinunter den scheinwerferkegeln, als sie aufgetaucht sind, da hat es gedämmert) in die dichte glocke geruch über diesen gebäuden in das geräusch:

was war das, das aufgeklatscht ist auf offenbar fliesen . . .?

2

und wie er dann (wird sie dem berichten, der die untersuchung führen wird über den, der die untersuchung geführt hat), wie er dann stundenlang, tagelang, über die karte gebuckelt gesessen sei, nicht aufzubringen, ihre hand wegwischend, wenn sie ihn angerührt habe; und wie er, genau wie der andere, kaum mehr etwas zu sich habe nehmen wollen in der folge, geflohen sei vor dem jetzt wieder ohne marken erhältlichen dosenfleisch; und dann plötzlich aufgefahren sei, angstäugig, und wo denn konnte sie genau diese bewegung, wie er sich abstützte halb von der tischkante, halb aber festhielt, als werde er schwindlig, genau diese bewegung schon gesehen, und genau diese worte, er wisse jetzt endlich, diese oder ganz ähnliche, was ihn so verstört habe an der anlage unserer stadt, genau diese oder ganz ähnliche worte schon gehört haben (?).

3

unmittelbar darauf ist dir dann (schreibst du) die sprache problematisch geworden. die gegen allen widerstand doch noch erlernte und amtlich als perfekt bescheinigte. aber mir (siehst du) mir ist diese sprache nie fremd gewesen. sie war die einzige, die ich gesprochen habe, und trotzdem ... zunächst nur die betonung (schreibst du, und das trifft zu) zunächst ist es nur die betonung und landesübliche aussprache einzelner wörter. dann (schreibst du) die stellung von subjekten und prädikaten, die anordnung von objekten, attributen, adverbialbestimmungen. einfach abzureißen beginnen die sätze, wenn einem (in geometrischer progression fast) mehr und mehr wendungen verdächtig werden. immer häufiger schrecken die blicke deiner gesprächspartner von deinen augen an deinen mund und von diesem hinter sehr kleine pupillen zurück. selbst Marie scheint auf einmal etwas wie mißtrauen unter ihren lidschatten zu tragen. manchmal bewegen sich ihre lippen wie hinter glas.

4

und als er dann, wird sie erzählen, Marie oder wie sie heißt, heißt sie Marie (?), als er dann gezögert habe, spürbar, zum ersten mal, vor einem fußgeherübergang, trotz grünlichts, sich losreißen habe wollen von ihr, zurück zurück, da habe sie schon gewußt, wie alles weitergehen würde; – und seine verrückte furcht vor sackgassen, gar durchhäusern, die ihm jetzt plötzlich (wörtlich) überall aufgelauert hätten, getarnt durch vorsprünge, balkone, flaggen, transparente, seine furcht vor etwas völlig unerwartetem, WIEDER vor etwas völlig unerwartetem zu stehen an ihrem ende, vor etwas völlig unerwartetem, das er erwartete, erwarten *mußte* somit; – und seine sichtliche anstrengung, sich an selbstverständliches zu erinnern: die straße, in der er gewohnt habe, seine hausnummer, während abwesender umarmungen ihren namen – das alles habe sie nicht mehr besonders überrascht. und je fremder er ihr geworden sei (seine gesten, seltsam ausfahrend nach links und rechts, in die luft greifend), sein geruch, der sie erst nur beunruhigt, dann beklommen habe, die (war das bloß) einbildung?) verdächtige verfärbung seiner körperhaare – je fremder er ihr geworden sei, desto bekannter sei er ihr vorgekommen.

5

man verliert (schreibst du) die orientierung, die bis an die grenzen des möglichen (blind, schreibst du, hättest du deine wege gefunden, gehen können, bald nicht mehr zu prüfen brauchen, ob sich die stadt nach der karte halte –), die grenzen des nichtmehrmöglichen täglich gedrillte, sowie eine unstimmigkeit verdacht erregt zwischen abbild (ABBILD?) und wirklichkeit. weswegen man sich auch wehre, sie zu bemerken, mit allen verfügbaren mitteln, die diskrepanz. doch dann, wenn man nicht mehr auskönne (FLIEHEN!) vor ihr, denn eines tages suche sie einen heim, dann breite sich (etwa als weißer fleck auf der karte) das mißtrauen fortschreitend aus . . .

siehst du, ich kenne von kind an nur diese stadt. war also nie ein fremder in ihr, wie du. trotzdem gehe ich immer weniger fort. habe ich immer mehr angst, aus dem haus zu treten . . .

6
und dann sei er häufiger und häufiger erstarrt in irgendeiner bewegung, wie kinder beim figurenwerfen, kopf schief gelegt, und habe gelauscht mit sehr offenen augen in das von ihm selbst in die übliche geräuschkulisse (atem, tätigkeitsknistern, geraschel von stoff –) gerissene loch. und habe plötzlich ihren arm umkrampft, schmerzhaft, und immer wieder, immer schneller bis zur unverständlichkeit, dieselbe frage geflüstert an ihr vorbei: ob sie es nicht höre, nicht nähervibrieren höre, obwohl es fast schon da sei . . .

7
du hättest damals den diktionär, erzählt sie, aber was ist das schließlich, was sie erzählt (?), du hättest damals den diktionär nicht wirklich verloren, sondern ihn weggeworfen während der nacht: dreimal habe sie ihn unterm abfall gefunden. auch um ein stück aus der karte zu reißen oder deine rotstiftspur zurückzuschneiden vom rand zum zentrum, sollst du ein paar mal aufgekrochen sein, doch habe sie das schlimmste verhindert in gedanken an ihr für das lehrmittel ausgelegtes geld. – aber sie lügt vielleicht, ziemlich wahrscheinlich lügt sie, denn selbst mir erzählt sie ja lügen über mich –: sie habe sich hingelegt, mir ganz geöffnet, und ich sei vor ihr gestanden mit hängenden armen.

8
durchschaut habe er, und das sei ihr letztes gespräch gewesen, kurz bevor er den maßstab gefunden habe, wissederteufelwo hervorgekramt, wohin im grunde (so seine worte), dann habe er zu vermessen begonnen, sei auf den sessel gestiegen, länge, breite, höhe des zimmers, wennauch gewinkelt, verschnörkelt, andere ziele vortäuschend (so seine worte), alle unsere straßen führ-

ten. und dann habe er nichts mehr gesprochen, bloß mehr gerechnet, siewissenichtwas, und nur einmal, kurz bevor es ihr zu blöd gewesen sei, besten dank auf wiedersehen, habe er sie ans fenster gezerrt und stumm auf einen passanten im regenmantel gedeutet.

VI

∞7

dasitzend, auf- und abgehend, stehenbleibend, hebe ich mich sukzessive weg von mir selbst, sehe mich (sehe DICH) immer kleiner im grund-, auf- und kreuzriß: schädel, der sich breit, schultergürtel, der sich schmal, wirbelsäule, die sich krumm macht,

sehe mich (sehe DICH) schatten, nie ungebrochene wegen der enge des zimmers, schatten werfen, und ein virtuelles, seitenverkehrtes bild, das mir (das DIR) wannimmer ich (wannimmer DU) daran vorbeikomme (-KOMMST) zur versuchung wird –: aber vielleicht ist er nur rostig, der spiegel, oder er ist auf die beleuchtung (ein dutzend glühbirnen wartet noch in der holzwolle) auf die beleuchtung zurückzuführen, der eigenartige schimmer meiner (DEINER) haare.

∞6

trotz schaumgummi- und klebestreifen, trotz isolierbändern etc. hören wir es noch, MÜSSEN wir es, nicht wahr, immer noch hören, das rücksichtslose anrattern dieser schon frühen noch späten LKWs, das aufstapfen der stiefelsohlen, herabrasseln der ketten, aufklappen der laderampen, das laute schweigen der verladungen selbst –: weiters den im anschluß an solche amtshandlungen kaum mehr (weil alles zur gewohnheit wird) kaum mehr also belegten singsang der lumpen- & altwarensammler, vertretern eines hier und jetzt florierenden berufszweigs übrigens, und wer kann wem verübeln, daß er seinem geschäft nachgeht, solang er lebt, *damit* er lebe (?), denen die jeweils noch nicht einmal halbtägig leerstehenden wohnungen denunziert werden von den nachbarfenstern, aus aberglauben, so wäre von diesen abzuwenden, was jenen bloß früher geschehen ist –: das zerklirren der scheiben beim abseilen, abwerfen der paar einrichtungsgegenstände, die durch unsere schneckenhaustreppen zu manövrieren zu umständlich ist.

∞5

essen sie essen sie, sind die worte der vermieterin im raum geblieben. krisen, sagt der schwere fauteuil, werde es immer geben. wenn das angebot nachlasse, klärt die couch. wie in solchen fällen die nachfrage decken? der sohn der vermieterin war ein braver esser. (behauptet der ebenfalls vor die türe gerammelte kasten). habe gegessen, was man ihm aufgetischt habe. sei auch entsprechend ein festes stück mann geworden.

nein, nicht zu fett, aber schon ein bißchen durchzogen. rösch, das sei nahrhaft und schmecke außerdem gut. essen sie, sagt die vermieterin, sagen die möbel. das ist ihre pflicht für ihr neues vaterland.

∞4

dabei hat das von *unseren* vier wänden hier umschlossene zeug ja einen sonderstatus als untervermietetes. und nur die jeweiligen kadaver gelten ihnen wahrscheinlich als mobil, den städtischen verlassenschaftsgeiern. aber tröste dich: auch noch so loyale zimmerfrauen erwischt es eines tages. denn vor dem GESETZ sind alle staatsbürger gleich.

∞3

auch wenn das pendel, gestern elf uhr sechsundvierzig ortszeit, hängengeblieben ist, nicht einmal in der amplitude, sondern auf halbem weg: der wasserhahn tropft. – und der fluß, über den wir damals geweht worden sind, geweht vom wind, der immer stärker in dieser richtung bläst wie ich höre, aus den wänden höre oder *durch* die wände oder aus meinem kopf, der fluß, über den diese brücke führt, diese einzig und ausdrücklich für den lastverkehr bestimmte, der fluß, der übrigens ein kanal sein muß, künstlich angelegt jedenfalls, wie mir aus dem studium der schichtenlinien deutlich wird, fließt, muß ich annehmen, kann ich dir sagen, trotzdem weiter: am schlachthaus, an der konservenfabrik oder wasimmer dieses gebäude dort drüben am anderen ufer, dieses hinter hohen, scherben- und stacheldrahtbewehrten mauern verschanzte, dieses gebäude dort sein mag, vorbei, und doch (weil nicht ohne farbänderung) keineswegs einfach vorüber daran: sodaß der fluß NACH diesem komplex unterschieden werden muß vom fluß VOR diesem arreal als nicht mehr derselbe –. fließt weiter, der fluß, mit einer gewißheit, höherprozentig als das ergebnis der volksabstimmung, das mehr als eindeutig bleibt, ob wir nun unser ja oder leere zettel in die urne geworfen haben.

∞2

und links und rechts vom kanal, auf dieses gebäude hingeordnet, ist und bleibt die stadt. ist und bleibt sie mit ihrer, AUS ihrer mir von anfang an uneingestandenermaßen, eingestandenermaßen aber erst viel zu spät verdächtigen anlage. und zu wenig konsequent gefragt zu haben, warum sie so und nicht anders gebaut ist, weiter gebaut wird, ist mehr als ein versäumnis. zu wenig konsequent gefragt zu haben, WER sie so baut,

WER die aufträge gibt, WER diese ewige reproduktion bezahlt von jeher. aber nach gewissen dingen fragt man nicht nur hier nicht im ernst. und hätte ich gefragt, so hätte ich vermutlich keine antwort bekommen.

∞1

jeden morgen, muß ich befürchten, kann es MICH treffen. denn das prinzip, nach dem sie vorgehen, habe ich noch nicht durchschaut. in arithmetischer reihenfolge jedenfalls scheinen sie uns nicht zu holen. und auch das alter der betroffenen spielt augenscheinlich keine rolle. sie hätten, habe ich flüstern hören, noch vor meinem rückzug, methoden hätten sie, mit denen sie es bei jedem fänden, das rote pigment. also werden sie uns vermutlich auslosen, eine ihrer maschinen mit unseren daten gefüttert haben.
unausgesetzt höre ich sie die treppe hinaufstiefeln. den gang mit den gelockerten fliesen auf meine türe zu. höre sie unausgesetzt, wenn auch nicht wirklich, nicht zu mir, noch nicht wirklich zu mir kommen, bis sie eines morgens, einer dämmerung, wirklich zu mir kommen werden, sie, die ich unausgesetzt kommen HÖRE, sodaß für mich schon immer dämmerung IST (kalte dämmerung, in die ich nicht geweckt werden mag, weswegen ich mir zu schlafen abgewöhnt und alles, was ich besitze, angezogen habe, mantelkragen aufgestellt –).

∞

und sie werden kommen, mein leichtgewicht schätzen, das im griff haben. werden wetten eingehen, meine körpergröße notieren. sie werden mich fotografieren und meinen umriß zeichnen, in kreide, leicht löschbar. die landkarte, mit der ich zugedeckt sein werde, werden sie mitnehmen.

aber können wir nicht ausbrechen aus diesem kreis?

haben wir nicht (hast nicht DU) schon damit begonnen? sitze ich nicht (und NOCH IMMER) an deinem platz? bin ich nicht EINEN GEDANKEN weiter als du –?

oder sind die impulse, die mein gehirn in diese meine hand schickt, und sie soll nicht zittern, und sind die linien, die wie lange bleiben werden, gezogen vom bleistift, den sie hält, meine hand, sind sie wirklich nichts anderes als ursachen und wirkungen von scheinbewegungen –?

und WENN dem so ist: welche echten, wirksamen bewegungen wären möglich gewesen? – den zettel damals zu nehmen, den man mir entgegengehalten hat, trotz der wettermäntel im hintergrund? – war mit dem rückzug wieder die falsche richtung gewählt? – ist mein entwurf hier wieder nur fluchtversuch –?

denn was werden sie tun, sie, die schon auf dem weg hierher sind, sein müssen seit ich hier bin, seit ich mich erinnere an mich, was werden sie schon tun mit diesen blättern. – zerreißen . . . (?) . . . verbrennen . . . (?) . . . zu den akten legen . . . (?). was habe ICH mit DEINEM entwurf getan?

jedenfalls werde ich taub sein, wenn sie, wie üblich, unten auf der straße schon rufen. die nummern rufen, zu denen sie uns gemacht haben. taub sein und sitzen bleiben möglichst lang an diesem wennauch für meine zwecke, UNSERE zwecke, zu kleinen, zu niederen tisch. (selbst bei verwendung eines extremen maßes brauche ich zahllose anschlußblätter).

sitzenbleiben, und den bleistift weiter an der dreieckskante entlangführen. zumindest ein plan soll gegen die alte stadt entstehen. nicht ausfahren mit der zirkelspitze, wenn sie hereinpoltern trotz meiner drei sicherheitskettchen. der plan einer neuen stadt, die schon längst als traum existiert.

einer stadt ohne durchhäuser, einer stadt ohne sackgassen. ohne erdrückende, ohne erdrückte gebäude.

ohne sirenen auf ihren dächern, ohne gefärbte fensterscheiben.

ohne verbotsschilder, ohne anderes ufer.

einer stadt, die keine türschlösser braucht.

mit straßen ohne kaschierte konvergenz

/ unleserlich / ... in der / gestrichen / ... in der / unleserlich / ... die stadt, eine stadt in der ... niemand / gestrichen / ... jeder / gestrichen / ... nicht fremd ... / unleserlich / ... zu hause ... / vollkommen unleserlich / ... ausblick ... / radierte stelle / ... von überall ... / weiter abstand / ... gegen den HORIZONT ...

∞X

eine offenbar ansteckende art von hysterie, resumiert (aufatmend) der, der die untersuchung, die kurzzeitig unterbrochene, abgeschlossen hat. wir leben ja schließlich in einem zivilisierten land. jede ähnlichkeit mit hiesigen einrichtungen oder örtlichkeiten muß rein zufällig sein. wir sind doch alles andere als menschenfresser.

unten auf der straße ist ein motorengeräusch da. einer der wettermäntel deutet etwas zum fenster hinaus. vielleicht ist eine woche, vielleicht ein jahr, vielleicht ein jahrzehnt vergangen, eine mechanische stimme verliest das protokoll.

ergebnis der wegen diverser flüssigkeitsverluste (blut, mageninhalt etc.) neuerlich notwendig gewordenen gewichtsbestimmung: 54, 25, geschätztes lebendgewicht, 65 bis 70 kg. kein vergiftungsverdacht, nichts venerisches, keine finnen, keine trichinen. der tod hat keine bedingung, als das leben, das leben keine konsequenz, als den tod. befriedigt läßt der marktamtskommissar seinen stempel niedersausen.

I like him not; nor stands it safe with us
To let his madness range. Therefore prepare you;
I your commission will forthwith dispatch
And he to England shall along with you.

(Shakespeare, Hamlet / Act 3, Scene 3)

hamlet bleibt

daß wir, beste ofelia, auf der überfahrt hierher von piraten überfallen worden und im gefecht unterlegen seien, ist ein von claudius & seinem brain-trust raffiniert in die welt gesetztes gerücht. sollte in den nächsten tagen ein angeblich durch des guten onkels finanzkraft geretteter hamlet nach dänemark zurückkehren, so wird es sich um ein double handeln, mit dem künftighin identifiziert zu werden mir zuwider ist. tatsächlich bin ich nicht der, der ich auf diese weise scheine (werde ich nicht der sein, der ich auf diese weise scheinen werde.) statt der schwarzen mauern von helsingör sehe ich die weißen felsen von england vor mir.

wer oder was hinter ihm ins wasser fällt, dürfte er nicht bemerken. ist doch auch ungewiß, ob er was VOR ihm geschieht, registriert. wie schon die überfahrt lang sind seine augen, ohren weit weg. doch seine füße treten jetzt nicht mehr auf bretter (jedes zweite war unbedingt auszulassen) sondern aufs pflaster der mole (nur auf die steine, nicht auf die fugen).

unsicher also, ob er die hymne hört (die er nicht kennt), die dichte der wartenden spürt. die mit den fähnchen im vordergrund sieht er kaum. und die übrigen werden hinten gehalten.

so wird er wohl immer heftiger angerempelt. kommt aus dem gleichgewicht mit dem gewichtigen koffer. würde über den roten teppich stolpern, drängten ihn nicht die behelmten rechtzeitig ab. diese nämlich werden zu kettengliedern. oder (im hintergrund) zu schlaginstrumenten.

da kann der ordenbehängte in ruhe schreiten.

und vorne beginnen ein paar für ihr geld zu jubeln.

auch rosenkranz & güldenstern, schreibt er, seien übrigens weder erschlagen, noch wie denen daheim (DAHEIM . . .?) anscheinend aufgebunden, ersoffen. zu dieser falschmeldung möge der unmittelbar nach anlegen des schiffes im hiesigen hafen passierte zwischenfall ein willkommener anlaß gewesen sein. vielmehr hätten die beiden, vermute er, den fischmarkt gequert, nachdem sie IHN, der den fischmarkt NICHT gequert hätte, aus den augen verloren haben müßten. denn UNTERZUTAUCHEN richtung stadt in ebendem augenblick, in dem sie unter GESUNKEN wären, der eine dem andern, besser: den papieren in dessen brusttasche, nach, wäre ihm, Hamlet, wäre seinem körper, gewissermaßen instinktiv unterlaufen. seien (sie, seine ihm vom onkel aufgehalsten, AN DIE KEHLE GESETZTEN, reisebegleiter) sicherlich, da eile jetzt ohnehin nichts mehr genützt haben würde, in irgendein beisel gefallen. und hätten (man wäre wohl nasen rümpfend von ihnen abgerückt) weiträumig fuchtelnd die prekäre situation erörtert.

die richtung der massenflucht aus der hafengegend.

dieSELBE richtung seiner speziellen flucht.

die anlässe dieser & jener (ein vergleich).

die, die ihn mit sich fortreißen: er, der sich fortreißen läßt.

wie sie einander folglich nahe sind. auf tuchfühlung nahe.

einander erkennbar wären. (sobald sie in sicherheit sind vor den gummiknütteln.)

wie sie einander wieder verloren gehen.

wie ER seine augen zurückzieht vor IHREN augen.

wie SIE ihren augen zurückziehen vor den SEINEN.

wie er sich absetzt von ihnen, bewohnern der stadt.

ausländer, schreibt er, ist er schon immer gewesen.

und sie hätten sich langsam trocknen lassen, äußerlich, während sie sich innerlich, wie er sie kenne, befeuchtet hätten, erfreuliches begießend der eine, unerfreuliches hinunterspülend der andere, einander fixierend über das zwischen ihnen auf dem tisch liegende schreiben (zerronnene schrift verfärbtes siegel) hinweg. und um genaudieses schreiben, schreibt er, müsse sich ihr gespräch, ein weitgehend wortloser dialog zwischen einem extrem vor-, halb über die rohe tischplatte, und einem extrem rückwärts-, fahl gegen die fahle wand geneigten, gedreht haben. schon auf dem schiff nämlich habe der weniger stiernackige (güldenstern) finger am gaumenzäpfchen den stiernackigeren (rosenkranz) mißtrauisch gemacht. ausgerechnet um ihn, hamlet, auf etwas hinzuweisen, das ihm ja nicht einmal mehr bloßer argwohn, sondern schon bare gewißheit gewesen sei seit seinem nächtlichen besuch in der kajüte der beiden. denn unter dem einen ihrer parallel auf der bettdecke liegenden umhängebärte habe er gefunden, was er gesucht habe.

dann die versuchung, sich in der stadt zu verlaufen.
der FREMDEN stadt. der stadt die er fremd haben
MÖCHTE.
anders, als die, die er kennt. sich gehen zu lassen.
samt koffer. indizien möglichst zu ignorieren.
parolen, die man zu löschen versucht hat.
köpfe: zusammengesteckt – auseinanderprallend.
eingeschlagene scheiben. sperrbezirke.
schrille stille. scheinbare menschenleere.
und dann (vor allem) das UNGEHEURE plakat.
allgegenwärtig. das grob gedruckte gesicht.
wennauch manchmal zerrissen – stets über ihm.
(er schließt die augen, um selbst nicht gesehen zu
werden.)

der gute güldenstern, schreibt er, der naive. in was für ein schlamassel habe sich der, zweifelnd an beschlüssen, die nun einmal die raison des staates, wie heiße doch der hübsche terminus(?), erheische, manövriert. fraglos werde er seit seiner ABWEICHUNG (daß aber auch die landungsstege hierzulande so schmal sein müßten) der sabotage verdächtigt von seinem in notwendigkeiten prinzipiell einsichtigeren kollegen. zu hoffen sei bloß, daß der (rosenkranz) diese schwäche als vorübergehende (etwa als see-krankheit) auffassend, seinen verdacht nicht weiterleite. sondern ganz einfach (unter der motivierung unerwarteter salzwassereinwirkung auf die strenggeheime depesche) eine neuausfertigung derselben anfordere vom BOSS. dadurch würde übrigens auch für IHN, den darin VERURTEILTEN, zeit gewonnen.

daß unser sohn hamlet, geliebtester gatte, heute nachmittag mehr oder minder wohlbehalten nach helsingör zurückgekommen ist, würde dich gewiß zu erfahren freuen. zwar scheint die mich seit dem fauxpas mit polonius befremdende fremdheit seines wesens auf der unter so mysteriösen umständen gescheiterten seereise keineswegs ab-, eher zugenommen zu haben. doch weiß ich, wie du wissen wirst (erinner dich an MEINE durch SEINE abwesenheit in deutschland bedingte abwesenheit) mein fleisch & blut, was immer auch geschehe, weit lieber in meiner nähe als über dem wasser. wenn er nur wieder da ist, der kleine. nun mag sich noch alles zum guten wenden, obwohl ich letzthin, als ich dem könig, deinem nachfolger, die fixe idee, hamlet müsse sein studium ausgerechnet jetzt und ausgerechnet in england fortsetzen, nicht ausreden konnte, deutlich EINE TRAGÖDIE zu ahnen geglaubt habe.

wir können uns hamlet in seinem zimmer vorstellen. einer turmstube mit nach allen seiten gerundeten wänden, also genaugenommen einer einzigen wand. besucher würden mit etwas zu servilen verbeugungen bedacht, ausnahmslos mit majestät eminenz angesprochen. doch werden nur wenige besucher (ärzte kriminalbeamte) zu ihm gelassen.

hin & her, her & hin, eigentlich im kreis gehend, mißt hamlet, laut seine schritte zählend, die möglichkeitsbreite seiner fortbewegung aus. den gegenständen, die ihm dabei entgegen stehen & liegen (wo ein körper ist, kann gleichzeitig kein zweiter sein) kommt entsprechend besondere bedeutung zu. sich im spiegel betrachtend weiß er Yoricks (des narren) schädel im weltrekordtempo unter seinen haaren hervorwachsen. sich von sich selbst abhebend sieht er sich im grund- auf- & kreuzriß.

blicken wir durch hamlets schießschartenfenster, so sehen wir in den garten. die anlage ist französisch, doch entsprechen die pflanzen & statuen, die sie umfaßt, bestenfalls schrebergärtnerischen ansprüchen. was hamlets horizont begrenzt, ist die gartenmauer. darüber ist der himmel so flach, daß zwischen der mauerkrone und den erbsfarbenen wolken kein durchblick besteht.

öffnet hamlet die tür, so füllt sofort der breitschultrige saaltürwächter den auf diese weise entstehenden spalt aus. also fällt in das licht, das kurzzeitig in hamlets zimmer fällt (ein anderes licht als das der surrenden glühbirne über seinem bett) ebensolang der schatten des saaltürwächters. dieser, besorgt um die prompte erfüllung von hamlets bedürfnissen, sorgt dafür, daß hamlet keine bedürfnisse außerhalb seines zimmers HAT. HAT hamlet an sich nur außerhalb seines zimmers zu befriedigende bedürfnisse, so wird, was er zur befriedigung dieser bedürfnisse braucht, auf ebenso wunderbare wie perfekte weise ans zimmer heran & ins zimmer hinein geschafft, und zwar von einem untergebenen des saaltürwächters, nicht etwa vom saaltürwächter selbst, da dieser ja seinen posten an hamlets tür nicht zu verlassen befugt ist. so findet hamlets bedürfnisbefriedigung im saale (dies die offizielle bezeichnung des zimmers) statt. so werden alle bedürfnisse hamlets befriedigt, es sei denn sein bedürfnis, das zimmer zu verlassen.

seit dem zwischenfall mit polonius ist hamlet nicht aus seinem zimmer gekommen. aus seinem zimmer GEGANGEN ist er ja auch vor dem zwischenfall mit polonius (außer am tag dieses zwischenfalls, auf diesen zwischenfall ZU) all die wochen die er schon aus wittenberg zurück war, nicht. aber seit dem zwischenfall mit polonius (welchletzterem ein staatsbegräbnis gewährt worden ist) kommt (käme) er (siehe oben) nicht mehr aus seinem zimmer, selbst wenn er (den wunsch dazu einmal vorausgesetzt) aus seinem zimmer gehen will (wollte). seit dem zwischenfall mit polonius ist also alles wie vorher und doch anders.

und dabei hatte er nichts weiter im sinn gehabt an diesem tag, der mit dem zwischenfall geendet hatte (und mit dem zwischenfall begonnen hatte die nacht und hielt an seither), als was ihm in den sinn geraten war (was eingefallen war über die grenzen seines sinns und folglich zwar jenseits dieser grenzen aber VORHANDEN gewesen sein mußte schon zuvor) in dem moment, in dem der schwarzumrandete brief sein studium unterbrochen hatte mitten im semester. was sich ausbreitete ebendort in stoßtrupps vorerst beim packen seines koffers (aus helsingör mitgebracht, aber sehr ordentlich aufgeteilt in laden & fächer, hatte es nicht mehr spürbar beschwert) und der koffer, da kein taxi zum bahnhof anhielt auf hamlets handzeichen, trug sich nicht leicht, und was schließlich ausschwärmte, massiv, während er, durchs glas des coupéfensters durch den regen, den falz zwischen himmel & heide suchte. und da es alle schlüsselstellen seines bewußtseins besetzt hielt, konnte er es nicht mehr zurückdrängen aus diesem, auch (oder gerade) als er wieder zu hause war nicht. und die dinge, die sein koffer ausspuckte mitten in sein zimmer, waren beim besten willen nicht mehr unterzubringen an ihren alten plätzen, als wären sie in wittenberg (wie er selbst, hamlet) gewachsen.

seine mutter (gertrud) übrigens war ihm nicht, wie erwartet (erhofft) entgegengekommen, seines trostes (einer sie seiner, ihn ihrer versichernden BERÜHRUNG) bedürftig, sondern im hintergrund geblieben hinter dem onkel, wie sie es früher hinter dem vater geblieben war. dem vater, der ihm, hamlet, erinnerte er sich, MUßTE er sich erinnern in diesem augenblick (dem augenblick des wiedersehens und DOCH-NICHT-WIEDERSEHENS) stets den weg versperrt hatte zu IHR (es sei seines NACHFOLGERS nicht würdig, an der kittelfalte zu hängen) wenn er (der SOHN) auf sie zugestürmt war mit nach ihr ausgestreckten armen.

während ich, schönste ofelia, dort (bei euch) zu sein scheine, werde ich hier (bei mir) zu sein versuchen. mich zu finden trachten in der vergangenheit, während ich gesucht werde in der gegenwart. um meiner habhaft zu werden in der zukunft. die (noch) auf mich zu kommt. das bedeutet, ofelia, daß ich verrückt bin. mich fortschreitend verrücke, von mir weg rücke, um mich besser zu mir hin (zu mir her) rücken zu können. wenigstens DIESE möglichkeit soll mir noch wirklich werden. du, ofelia, wirst mich sicher verstehen.
(sofern du noch nicht /
verrückt GEMACHT von mir wie ich meinerseits verrückt gemacht von IHR der du allzusehr gleichst /
bekränz dich mit seerosen schwesterlein spiel fangen mit wasserspinnen /
auf dem grund deines weihers bist.)

und er sehe sie, schreibt er, mit geschlossenen augen. wie sie seine fährte aufgespürt hätten, schnauzen am boden, vom hafen an. wie sie nach ihm gefragt hätten. etwa den zeitungsverkäufer. BROTPREIS AB MORGEN VERDOPPELT. oder den straßenkehrer. MITBÜRGER MITBÜRGERINNEN. der platz wäre leer gewesen. der nach dem hiesigen staatschef benannte platz. nur noch am äußersten rand wären frauen gekniet. und hätten (maschinenpistolen im rükken) das pflaster gewaschen.

und er sehe die beiden nach jener adresse suchen, die auch auf SEINEM zettel gestanden sei. der anschrift, schreibt er, eines sicher vergoldeten käfigs. dem zettel, schreibt er, den er zerrissen habe.

und auch nach der hochschule hätten sie sich vermutlich erkundigt. genauso, wie ER sich erkundigt habe nach ihr. doch hätten SIE wohl gehofft, dort IHN zu finden. deswegen sei ER in der gegenrichtung gegangen.

wie er noch den arm nach der türschnalle hochwinkeln muß damals / wie damals seine hand die türschnalle herunterzudrücken noch mühe hat / wie sich die tür damals öffnet spaltbreit und ohne seine absicht leise / wie er damals das zimmer (den flauschigen teppich) betritt / wie der teppich damals seinen immer zäheren schritten kein geräusch läßt / wie seine, hamlets, schuhe füße kleben bleiben vor dem bettvorleger damals / wie damals der, welcher auf mamma liegt, mit seinem weißen hintern zu wackeln aufhört / wie er herabrutscht damals von ihr und sich verpackt mit aufgeregten fingern / wie mamma sich damals die decke zwischen die beine greift / wie sie oder er durch sie oder sie selbst etwas unpassendes sagt damals / wie damals er, hamlet, nichts sagt und sich wegdreht richtung tür / wie seine schritte immer rascher werden damals mit ihm zur tür hinaus –

aber vielleicht schon habe, während diese erinnerung (präsens) DA sei, der kellner des hotels, in dem er, hamlet, die nacht, mantelkragen aufgestellt, kaum schlafe, ein paar klebrige (immer noch nicht ganz trokkene) scheine im gegenlicht geprüft und eingesteckt. dankbarkeit für informationen, höre er zwei fette, lang nicht aus dem raum (sessel auf den tischen) zu lüftende stimmen, nur kurze zeit der kooperation, da der bewußte gast (ER) diese (oder irgendeine andere) bleibe nicht allzulang mehr nötig haben werde.

und als er aus wittenberg zurückgekommen war gute fünfzehn jahre später / und den arm nicht mehr hochzuwinkeln braucht nach der türschnalle, aber sie, die türschnalle, hinunterzudrücken wiederum mühe hat / und die tür spaltbreit öffnet aber mit absicht leise / und das zimmer mit dem flauschigen teppich betritt / wie da der teppich sein schrittgeräusch schluckt pietätvollerweise / und seine schuhe füße kleben bleiben vor dem sarg / und wie der, der (rücken zu ihm) vor dem sarg steht, die arme hände sinken läßt aus allzu offensichtlichem gebet / und dessen hand auf ihn, hamlet, zukommt, überspannt vor zu bewahrender ruhe / und wie er oder mamá durch ihn oder mamá selbst irgend etwas passendes sagt / und wie er, hamlet, nichts sagt, sich aber nicht wegdreht richtung tür obwohl seine füße schuhe zurück und davon wollen mit ihm zur tür hinaus da –

oder sie hätten zuerst eine ansichtskarte geschrieben. unverfänglich. city, seen from the sea. seen from the river. flaggengeschmückte boote. blumenumrankte fassaden. romantic suburbs.

nichts von den farblosen hecken die leere häuser umwuchern. nichts von den wachtürmen an den schwarzen ufern. nichts von den lauten fabriken. nichts von den stummen märkten. nichts aus der nähe. skyline. birds eye view.

aber sie hätten sie sicherlich ohnehin kaum beachtet, die nahezu echte fotografie des hiesigen friedens. eher die postkartenglanzseite gleich nach unten gedreht. und auf die postkartenmattseite ihre (verschlüsselte) botschaft gesetzt.

und als sie an das schmiedeeisene gitter kommen mit vorschriftsmäßig hängenden armen tags darauf / und das schmiedeeisene gitter (beide flügel) geöffnet wird weit VOR geschlossen wird weit HINTER ihnen / und sie die umzäunung mit dem kiesbestreuten weg betreten / und der kies ihre gleichen (gleichBEMESSENEN) schritte hörbar macht / wie da seine, hamlets, schuhe füße kleben bleiben neben des onkels schuhen füßen vor dem stein / wie da der stein den allen gemeinsamen namen trägt –

da (oder zumindest in seiner VORSTELLUNG von DIESER szene) WEIß er plötzlich WIRKLICH, was er DAMALS, gute fünfzehn jahre früher (oder zumindest in seiner VORSTELLUNG von JENER szene) schon vorausgewußt haben KÖNNTE. denn ob der mann auf neben vor seiner mutter sein vater oder sein onkel ist, erweist sich für seine emotion (die ihm in den kopf schießt, rot, um dort weiterzupulsen, unerträglich) als völlig egal.

wenn du doch sehen könntest, wie stattlich er ist ... des hofmanns auge des gelehrten zunge des kriegers arm des staates blum & hoffnung der sitte spiegel & der bildung muster ... und ofelia, von der diese komplimente stammen, die kleine hur (aber wahrhaftig, sie hatte recht, hatte DAmit recht), SIE wollte mir einreden, ER sei bei DIR ... wo die schöne majestät (die SCHÖNE MAJESTÄT, hörst du?) von dänemark sei lang tot & hin (daß ich nicht lache) ihm zu häupten ein rasen grün ihm zu füßen ein stein ... ich wollte nicht mit ihr sprechen in diesem moment wollte vielleicht überhaupt nie sprechen mit ihr (sie war kein kind mehr verstehst du?) aber ... aber jetzt ist sie selbst aus der welt aus DIESER welt und auch aus der ANDEREN, auch aus der DEINEN macht sie mir sorgen.
in ihrem schoß nämlich (ich meine, den kopf auf ihren schoß gelehnt) wird er kaum mehr liegen können, der schlingel. nein mein prinz ja mein prinz – ich hätte sie ohrfeigen mögen auf der stelle ohrfeigen, das miststück. wie sie dortsaß den ganzen, wegen des überraschenden unwohlbefindens deines nachfolgers endlich abgebrochenen theaterabend, glühend bis an die haarwurzeln und (aber) mit recht offenen beinen. eine begnadete komödiantin, lieber gatte – ich hoffe, sie hat nicht auch ihren pittoresken selbstmord nur markiert.

dann die nachricht von der bevorstehenden (VOR DER TÜR stehenden) hochzeit –: nicht etwa von gertrud (seiner mutter) selbst, DER ALLERHÖCHSTEN FRAU, mit der unter vier augen zu sprechen hamlet all die tage, die er bereits wieder zurück war (WAR er zurück?) noch nicht die geringste möglichkeit gehabt hatte und auch nicht haben sollte all die tage, die er noch hier sein würde, den tag des zwischenfalls ausgenommen (und an diesem gerade hätte der leichnam zwischen sie & ihn zu fallen schwergewichtig aus dem vorhang), nicht von ihr also erfuhr er, was zu erfahren ihm widerstrebte (kaum zu leugnen ist, daß nicht bloß SIE IHM, sondern auch ER IHR auswich, die gelegenheit, ihr inoffiziell zu begegnen, mied) sondern von polonius, dem buckelnd und mit höchst offizieller stimme allenthalben allerlei offizielles (ehrenamtlich) mitteilenden. zum wohle des landes also NATÜRLICH auch des volkes wie erst recht (denn wer sei denn deren, des volkes und des landes, zukunft & zuversicht) zu seinem, des kronprinzen, wohl, hätten die majestäten (ihre majestät, die königin, seine majestät, der regent) die absicht, einander zu ehelichen –: termin, ort der fertivität, besonderheiten der etikette.

und nachdem er mit ihr zum altar geschritten war, über den das alles auf den kopf drehenden marmorboden, und ihre hand mit den überlang benagelten fingern ebenso geziert (das sah er in den vielen spiegeln auf dem weg, oder waren es gemälde, die das alles, je schon vorweg, DARSTELLTEN –?) über der seinen schwebte wie die ofelias über der seines onkels –

und nachdem die orgel (ihm, hamlet, FASZINIEREND unerträglich) aufgebraust war (für einen augenblick war der raum, bis ins winzigste architektonische detail, ÜBERFÜLLT gewesen von ihr, ZUM BERSTEN, und hamlet hatte, im zeitraffertempo, eins SÜßE katastrofe geträumt)

und nachdem die hände getauscht worden waren (die gertruds und ofelias, die des onkels und die hamlets) und die ringe –: da hatte er, hamlet, die hand, die ER gehalten hatte, die IHN gehalten hatte (und er hätte sich doch geborgen gefühlt in ihr) aus der hand gegeben, losgelassen, statt sie zu umkrampfen, zum zweiten mal, und diesmal wissentlich.

aber es hätte wohl auch nichts genützt, hätte er DAMALS, in der VORVERGANGENHEIT, ihre hand, die sogenannte mütterliche, länger noch umklammert, sich fester noch VERBISSEN in sie, als sich der, der nicht onkel hatte genannt werden mögen von ihm, der plötzlich DA war, groß & breit (und war zuvor im krieg gewesen, was ihm, dem kleinen schmalen, ein weit entfernter ort schien, von dem selten einer zurück kam), als sich der zwischen ihn & sie fallen lassen (sein RECHT beanspruchen) wollte –: denn das recht war das des stärkeren, und hamlet senior, seines zeichens könig von dänemark und siegreich an allen fronten, war (so hieß es für untertanen & vasallen) der stärkste landauf, landab.

also bekam er ein eigenes bett in einem eigenen raum. manchmal aber, nachts meistens, war sie plötzlich ganz nah (HAUTNAH) bei ihm, gertrud, er wußte nicht, wie kam sie in sein zimmer, sein damals schon (glaubt er sich zu erinnern) streng bewachtes, riskierte aber nicht, sie danach zu fragen, stellte sich vielmehr schlafend des öfteren, um sie ja nicht zu verscheuchen, ihre finger, die ihn anrührten, anrühren DURFTEN, die (glaubt er sich zu erinnern) zurückgeschreckt waren, elektrisiert, als ER SIE (seine mutter) anzurühren versucht hatte (und DURFTE sie doch nicht berühren) zum ersten & letzten mal. denn lang war sie nicht mehr erschienen daraufhin, ihr haar über ihn zu hängen, ihn zu ERSTICKEN in ihrem geruch.

und dann ofelia, seine SPIELGEFÄHRTIN. je länger IHRE haare wuchsen, desto stärker wuchs hamlets interesse an ihr. die kupferfarbenen locken, die seine mutter (wie er anläßlich seiner täglichen audienzen bei den HOHEN HERRSCHAFTEN, wenn er gertrud IM LICHT erblickte, bemerkte, bemerken MUßTE) immer stärker färbte, VERfärbte. und schließlich unter einem diadem (der KÖNIGLICHEN kopfbedeckung) versteckte.

ofelia, der er ähnlich sah, wie ein bruder der schwester. (tatsächlich war ein gewisses gerede nicht abzuwürgen.)

der sich der onkel zu nähern wußte mit kleinen geschenken. (zurückkehrend von der grenze, die stets zu verteidigen war.)

ofelia, deren puppen hamlet stahl.

er wäre kein richtiger SOHN, resignierte der könig.

(als er ihn einmal in ihren kleidern erwischte.)

gestand ihm hamlet: KÖNIGIN spiele er oft.

hocke ich die paar nächte, die ich bereits (noch immer) da bin, auch äußerlich frierend infolge der, verstehe ich recht, hierzulande erst vor kurzem, dortzulande, erinnere ich mich recht, schon längst akut gewordenen heizstoffkrise, hocke ich diese paar nächte in diesem von mir BIS ZUM ENDE gemieteten einbett-zimmer, einzel-zimmer, VEREINZELUNGSZIMMER, schreibend, manchmal, nicke ich ein, zu schreiben träumend, die ungeheuerlichsten, mich unmittelbar betreffenden wörter sätze zu schreiben träumend, aber ebendiese sätze, ebendiese wörter ofelia, im (stets VERSTÖRENDEN) erwachen vergessend,
so sitze ich untertags, die paar tage, die ich noch immer (bereits) hier bin, unten im restaurant dieses hotels, dieses stunden-hotels, tage-hotels, besten-(schlimmsten-)falls WOCHEN-HOTELS BIS ZUM ENDE, ebenso frierend, nicht schreibend jedoch sondern lesend, die von morgen zu morgen infolge der, verstehe ich recht, hierzulande erst vor kurzem, dortzulande schon längst verschärften zensurbestimmungen dünner & weniger werdenden zeitungen als TARNUNG vor mich hinhaltend, um durch das immer undurchsichtigere fenster (die arbeitskräfte werden wurden verstehe ich recht erinnere ich mich recht irgendwoher irgendwohin abgeworben abkommandiert) dieses immer weniger FENSTERHAFTE fenster die straße beobachten zu können, durch welche die zwei, vor denen ich mich, warum bloß nicht, verdrücke, ins LANDESINNERE etwa, das UNWEGSAM sein soll, verdrücke, eines häßlichen tages kommen müssen.

ihre haare, ihre HÜFTLANGEN haare, seien zwar blond, doch habe er sie an ihrem grauen nachwuchs erkannt.

die fältchen um ihre augen wären ihm ebensowenig verborgen geblieben, wie die schrägen risse zwischen nasenflügeln und mund, die er aus dem spiegel kenne.

ihre lippen seien eher trocken, unnachgiebig und kühl seiner zunge gegenüber, aber ihre hände hätten immer temperatur.

ihre fingernägel, VERLETZUNGSINSTRUMENTE, übten einen seltsamen reiz auf ihn aus.

er beobachte sie gern, wie sie sich abschminke, habe jedoch den eindruck, sie schminke sich nie ganz, nie zureichend ab.

ihr geruch, kaum komplett aus den achselhöhlen zu waschen, sei einer, in dem er sich geborgen fühle.

ihre haut, die vor allem, die fast ausschließlich mit seinem mund (die augen, als KÖNNE er sie nicht öffnen, geschlossen) zu erforschen ihm bedürfnis sei, schmecke vertraut.

ihre stimme halte er für geeignet zum singen von schlummerliedern.

schon vorher müßte geklärt werden, warum er sein zimmer verläßt. in einer situation, in der er, schreibt er, doch bloß warte, warten KÖNNE, worauf auch sie, die beiden, warteten, warten MÜßTEN, und sobald er da sei, hauptpost postlagernd, der brief, habe das warten ein ende. daß ihm der kellner (in wessen auftrag?) zu verstehen gibt, wie immer strenger die aufenthaltsbestimmungen für ausländer gehandhabt würden. weswegen amtlich prüfbare aufenthaltsgründe (arbeit studium) unter allen umständen anzugeben wären.
daß er sich somit
langwierig, schreibt er, genug, denn die meisten der von ihm angesprochenen hätten, statt ihm den weg zu weisen, durch ihn durchgeschaut, zur hochschule durch-GEFRAGT,
und – wirbelsäule noch ärger als sonst gekrümmt – unter

dem (lateinisch) über deren portal geletterten wahlspruch (DIE WISSENSCHAFT & IHRE LEHRE WÄRE SO FREI WIE ALLES IM STAAT) auf AKADEMISCHEN BODEN begeben hat,
woselbst er (ratlos) einen endlosen gang mit zahllosen anschlagtafeln entlanggeirrt,
und schließlich (durch einen UNIformierten) über das verbot der von ihm in wittenberg eingeschlagenen studienrichtung an der hiesigen universität INformiert worden ist –
das alles hätte ebenfalls bereits berichtet werden müssen.

die blonde erzähle, bemerke er, ungern von sich.
und wenn sie es trotzdem tue, dann mit gedämpfter stimme.
oft stockend, sich plötzlich umschauend mitten im satz.
mancherlei andeutend, vielerlei lieber verschweigend.
bis vor kurzem sei sie am fließband gestanden.
dann (aus unklaren gründen) entlassen worden.
eine umstellung, wie ihm scheine, der produktion.
jetzt werde sie manchmal ZU HILFSDIENSTEN EINGEZOGEN.

der gleichmut, mit dem unser hamlet auf den anblick der toten reagiert hat, dieser gleichmut, muß ich dir, lieber mann, mitteilen, hat mich einigermaßen irritiert. die bewegungslosigkeit seiner züge angesichts der leiche, die übrigens, ich weiß nicht auf wessen veranlassung, recht degoutant mit wasserpflanzen geschmückt worden ist. angesichts dieses nicht im entferntesten mehr aparten, geschweigedenn hübschen mondgesichtchens, das wohl keine auch noch so mitleidige seele mehr zu bezaubern geeignet war (wahrscheinlich – objektiv betrachtet – überhaupt nie IRGENDJEMANDEN zu bezaubern geeignet gewesen IST). auch später, während der höchst peinlichen show, die er mit dem bruder der so wörtlich VERBLICHENEN ausgerechnet in deren offenem grab abgezogen hat, kam unser sohn mir wie eine marionette vor. seine an all dem (mich täuscht er nicht) völlig UNBETEILIGTE miene hat mich, seine mutter, obwohl sie mich ja eigentlich BERUHIGEN könnte, mit einem schwer distanzierbaren MIßTRAUEN gegen ihn erfüllt.

ganz genau, schreibt er, versuche er sich seinen weg zur hochschule hin durch die hochschule durch von der hochschule fort zu VERGEGENWÄRTIGEN, versuche er sich seinen weg vom hotel fort zum hotel hin NACHZUGEHEN, weil ihm irgendwo auf seinem weg (allerdings erst im nachhinein, als er längst an ihnen vorbei gewesen sein müsse) zwei (so wörtlich) sehr parallel zueinander hinter ihm her stehende männer aufgefallen seien. die allerdings (rekonstruiere er) in genaudem moment, in dem er sie hätte identifizieren können, verschwunden gewesen wären, also in eine der auf diesem weg zahlreichen seitengassen einfahrten nischen geschlüpft sein müßten.

die blonde habe vielleicht einen mann gehabt.
es könne jedoch auch ihr bruder gewesen sein.
(der, von dem sie oft zu erzählen beginne.
um gleich darauf zu erzählen aufzuhören).
oder ihr sohn. das werde ihm niemals ganz klar.
wenn man direkt danach frage, erschrecke sie.
verkrieche sich manchmal minutenlang hinter sich selbst.
ob er gestorben sei? sie antworte nicht.

und er sehe sich, schreibt er, nochmals entlanglaufen an den anschlagtafeln, seitenverkehrt, und hervortreten unter dem politikerlatein, hinaus ins freie. sehe sich, schreibt er, jetzt noch, während er das alles niederschreibe, jetzt, während er das alles niederschreibe, WIEDER, wie ihn die beiden, die hervorgetreten sein müßten aus ihrer nische einfahrt seitengasse, gesehen hätten. denn DAß sie ihn gesehen hätten, ihm nachgehend ihm nachgesehen hätten, weshalb er, immer rascher gehend, sich selbst als unausgesetzt von ihnen gesehen sehend, nichts anderes (etwa das flugblatt, das er zwar, es zerknüllend, gespürt, nicht aber GESEHEN hätte) nichts AUßERHALB dieser KONSTELLATION zwischen ihnen & sich habe sehen KÖNNEN, daran zu zweifeln sei er nicht imstande.

auch sein zusammentreffen nämlich, dieses seiner BESTIMMUNG entsprechende zusammenGETROFFENWERDEN mit IHR müßten sie, blick für blick, geste für geste, beobachtet und nach helsingör gemeldet haben. detailliert von dem augenblick an, in dem er, einbiegend in die nach dem staatsoberhaupt benannte straße, plötzlich mitten im aufmarsch der (so die diesbezügliche rundfunkmeldung) RUHE & ORDNUNG GEWÄHRLEISTENDEN KRÄFTE gewesen sei. verschwommen erinnere er sich, einige gassen vorher eine gruppe (so der nachrichtensprecher) SUB-

VERSIVER ELEMENTE gesehen zu haben, in deren mitte ein junger mann, auf einer kiste stehend, die arme, als wolle er davonfliegen, die anderen zum davonfliegen anregen, durch die luft bewegt hätte. die offensichtlich in richtung auf diese gruppe marschierenden hätten ihm, hamlet, dem noch jetzt das geräusch ihrer einprägsamen sohlen, die panische furcht, sie, diese sohlen, EINGEPRÄGT zu bekommen, durch die adern klopfe, auf ihm nicht mehr deutliche weise zuerst an eine plakatwand (ihn, winzigklein, an das GIGANTISCHE, von überall HERABGLOTZENDE plakat) und später in genaudas haustor gedrängt, in das unter vielen anderen SIE bereits gedrängt gewesen sei.

und was zwischen ihnen geschehe –:
auf noch nicht aber bald (wie er sich vorwärts erinnert) zu brennmaterial verarbeiteten bänken –
in noch nicht aber (wie er sich vorwärts erinnert) bald für vaterländischere zwecke konfiszierten kellern –
in ihrem (wie er sich vorwärts erinnert) noch nicht aber bald zu behördlicher neuzuteilung freien kabinett –

zwischen ihm, dem nie trinkenden, dem ihr gegenüber (der HÄUTUNG ihres gesichts) nichts anderes als zu trinken, immer mehr zu trinken, übrig bleibe, und ihr, mit dem kontaktfreudigen knie, den schwerkräftigen brüsten, die er gekannt hat von anfang an –
es werde, dessen sei er sicher, mitangeschaut, aus dem gebüsch vom halbdunklen nebentisch her durch die ritzen der tapete

: und das, genau das sei der grund, warum er, seiner selbst unsicherer denn je, auch SIE ihrer sache unsicher, und ihm gegenüber, wie bekannt komme ihm das vor (!), berührungsängstlich mache.

setze ich mich, geliebte ofelia, hin um zu schreiben (ICH, in DIESEM RAUM, an DIESEN TISCH), so GESCHIEHT mir manchmal, ohne daß ich vollends begreife, WIE mir geschieht, daß meine hand immer weniger WAS ICH ZU SCHREIBEN BEABSICHTIGE, immer weniger in meiner eigenen (eckigen), dagegen immer mehr in einer anderen, immer mehr in einer kaum merklich runderen handschrift, immer mehr WAS ICH NICHT ZU SCHREIBEN BEABSICHTIGE schreibt. und ohne zu wissen, WAS ich schreibe in solchen manchmal wahrscheinlich sehr langen momenten, nur DAß ich schreibe in ihnen, das ist mir bewußt, bringe ich mein schreiben in einen kausalen zusammenhang, VERKNÜPFE ich mein schreiben mit den briefen, die (weder an mich adressiert, noch von mir gezeichnet) sich zwischen den meinen finden.

ähnlichkeit übrigens dürfte es auch gewesen sein, was damals, am tag seiner abreise nach wittenberg, jene hamlet die ganze lange fahrt durch die heide lang BELASTENDE reaktion seiner mutter ausgelöst hat. möglichst weit weg, an den HORIZONT, wollten seine blicke, und daß sie nicht darüber hinaus kamen, eher zurückmußten, in UNKRAUTNÄHE, ließ ihn sie endlich einholen. ihr (Gertruds & sein) von ALLERHÖCHSTER STELLE gewährter ABSCHIED UNTER VIER AUGEN. das ZURÜCKPRALLEN der mutter vor dem medaillon mit ofelias bild. das sie (ofelia) ihm um den hals gezärtelt hatte kurz vorher im garten. damit er sie nicht vergesse im ausland. – und nun, während gertruds mund sehr abwesend mütterliches sprach, zum sohn, der ihr so weit weggenommen werden sollte, nun öffneten ihre finger, ganz woanders, die knöpfe seines hemds, die hemdknöpfe des jungen mannes des THRONFOLGERS hamlet, und stießen auf den fremdkörper. und dann lag das miniaturgesicht auf ihrer handfläche, ihrer (wortlosen) taxierung ausgesetzt. und erst als hamlet an der tür war, da es anscheinend (oder bildete er sich das nur ein) nichts mehr zu sagen gab, kamen ihm (oder bildete er sich das nur ein) ihre worte nach. ich bin (sagte sie sagte sie nicht) eine hübsche frau gewesen.

und als er erwachte, bei der einfahrt seines zuges in den wittenberger bahnhof, bis zur ATEMLOSIGKEIT beängstigt durch die plötzliche VERENGUNG VERDUNKELUNG, die er vorerst (im schlaf noch) GESPÜRT GEHÖRT, dann erst (aufgeschrocken) GESEHEN hatte; und bevor er den fremden handschuh des schaffners (AUSSTEIGEN BITTE) auf seiner schulter spürte –: da sah er durch die beschlagene fensterscheibe (die wartenden hinter dem regen sah er nicht) reste des alps, aus dem er soeben kam. sah OFELIA und sah SICH, dem sie das hemd öffnete, langbekrallt, ohne anstoß zu nehmen an irgendeinem schmuckstück, SICH kleiner werdend, immer kleiner, SIE jedoch wachsend, ständig wachsend, SIE wachsend SICH kleiner werdend, eins das andere BEDINGEND, VORAUSSETZEND, und (aber) als er klein genug war, um VÖLLIG IN SIE VERSCHWINDEN zu können, IN SIE ZU VERSCHWINDEN SICH ANSCHICKTE (AUFATMEND), da wußte er plötzlich polonius, uniformiert mit der stimme seines erziehungsberechtigten, hinter sich, und zuckte hoch.

denn einer verbindung mit IHR, erzählte er horatio, der ihn, schon ein paar semester an der dortigen hochschule, vom bahnhof abgeholt und ins schwitzbad geführt hatte (er fühle sich, hatte ihm hamlet, aus dem zug steigend, geklagt, nichts weniger als wohl), einer solchen verbindung stehe auch & besonders der herr papá im weg, der peinlicher noch als die MAJESTÄT selbst über die AUFRECHTERHALTUNG NATÜRLICHER ORDNUNG wachende. daß aber der versuch, diese verbindung realiter wennschon nicht offiziell gesegnet ZU VOLLZIEHEN (sie wolle ihm, hatte sie gesagt, die reizende, ganz angehören zum abschied) GESCHEITERT sei, und zwar an ihm, der dortgestanden war vor ihr, und sie, ihm entgegenliegend, hatte vergebens gewartet, sich schließlich wieder angezogen, lautlos weinend, das erzählte er horatio, der ihm den rücken wusch, angenehm sagte er, wie du das machst, nicht.

der allerdings berichtete nach dem (wir zitieren die darauf bezügliche stellungnahme) TRAGISCHEN ABLEBEN hamlet seniors, nach ihrer beider (hamlets & seiner) ebendadurch ausgelösten rückkehr nachhause, seltsames über den prinzen. ob – diesen berichten gemäß – von einer echten inversion die rede sein könne, darüber sollen sich, soviel man (im flüsterton) erfährt, die ärztlichen kapazitäten, die hamlet in unmittelbarer folge der polonius-affäre heimzusuchen begannen, nicht geeinigt haben. wohl aber darüber, daß, sosehr man das bedaure, eine wirkliche dementia von dem armen thronerben besitz ergriffen haben müsse. dessen seit tagen anhaltendes, in gerade den unpassendsten momenten an gerade den dafür ungeeignetsten orten (etwa auf dem friedhof, als er die traditionelle schaufel erde auf den sarg des königs habe rieseln lassen) besondere lautstärke erreichendes lachen wohl kaum anders zu erklären sei.

auch von einem gespenst ist die rede, dessentwegen sich hamlet in seinem zimmer VERSCHANZT (die tür verrammelt die fenster verklebt) haben soll. dieses hätte den ärmsten aufgefordert, sein zu gedenken, und dem, sensibel wie er nun einmal war, wäre nichts anderes übrig geblieben, als das zu tun, so daß es (das gespenst) auch in abwesenheit anwesend, seine, hamlets, nerven völlig zerrüttet habe. die trotz aller bei dieser maßnahme angewandten behutsamkeit nicht völlig zu vertuschende bewachung des turms hätte diversen MIßVERSTÄNDNISSEN zuwider) einzig & allein den zweck gehabt, hamlet vor diesem gespenst zu schützen.

verbreitet wird, ofelia, es sei simpel der geist meines vaters gewesen, der mich aus dem lot gebracht habe, aber das trifft nicht ganz zu. derjenige nämlich, der mir öfter & öfter erschien nach dem begräbnis, kam zwar tatsächlich aus einer ANDEREN WELT, aber diese welt war nur MIR eine andere, dem es schwer fiel (bis heute schwer fällt) zu begreifen zu akzeptieren, daß genaujene (genauDIESE . . .?) welt die meine ist (die meine sein SOLL). derjenige nämlich, der mich öfter und öfter erschreckte nach der hochzeit, hatte zwar tatsächlich etwas vom ALTEN HAMLET, aber dieses etwas erschreckte nur MICH, den es ängstigte (bis heute ängstigt) sie abzuändern. er also, der auf mich zukam von überallher, obwohl ich ihm davonwollte nirgendwohin (doch das, dieses nirgendwohin, zu realisieren, wagte ich nicht) – er sagte, er habe gesehen (nicht sehen MÖGEN aber GESEHEN), er sagte, er habe gehört (nicht hören MÖGEN, aber GEHÖRT) ununterbrochen gesehen gehört seit er hier sei, WIEDERUM hier sei (er wäre lang fort gewesen), er habe GEROCHEN es sei etwas faul im land. – natürlich versuchte ich ihn zu verscheuchen, ofelia, ihn ZURÜCKzuscheuchen woher er gekommen war, wollte ich mich nicht VERSUCHEN LASSEN von ihm, der ein böser sein mochte (apage satanas). aber wohin ihn zurückdrängen, wenn du nicht WEIßT, woher er gekommen ist, wenn du nicht wissen WILLST, woher er gekommen sein KANN, gekommen sein MUß? und WENN du es plötzlich weißt (er ist durch den spiegel herein) – wie kriegst du ihn wieder dahin zurück –?

was man nicht hätte sehen (hören) sollen.
schon an der (dänischen) grenze nicht hätte beachten dürfen.

das wimmeln der uniformen. die brachen felder.
die stacheldrahtspulen. die warnschilder (LEBENSGEFAHR).
worüber man besser erst gar nicht nachgedacht hätte.
die lange (die STUNDENlange) kontrolle der pässe.
das starre schweigen im abteil. die schritte im gang.
das ungeklärte verschwinden von passagieren.
(auf offener strecke . .) die arbeit am bahndamm (bewacht).
die offensichtliche unbewohntheit von dörfern.
das rollen von schweren fahrzeugen (panzern?) im dunkeln.
die gegen früher veränderte streckenführung.

wiederholt nämlich sei der aufgetaucht, der ihn an all das ERINNERT, ihm VORGEHALTEN habe, was nachhaltig zu wirken begonnen hätte damals, also schon längst verursacht gewesen sein müsse

(geh in den garten hinunter hamlet, horch über die mauer)

er habe aber die sprechchöre auch im turm gehört und nicht überhören können habe er die schüsse, nach denen keine sprechchöre mehr zu hören gewesen wären

(recht so hamlet, bleib nur im zimmer sitzen)

ob sich ofelia wohl eines heißen tages erinnere, an dem sie gemeinsam gespielt hätten in der nähe des glashauses oder drinnen im glashaus, dessen sei er nicht sicher

(sie haben deinen namen gerufen hamlet)

und der märchen, die ihnen eltern & erzieher aufgetischt hätten, eine ganze, immer noch nicht zu ende gegangene kindheit lang, über den donner aus heiterem himmel ein naturphänomen etc.

(gut so, hamlet, laß nur geschehen, was geschieht)

früher habe die blonde konfekt verpackt.

später (gestehe sie endlich) munition.
ihr arbeitstempo soll nachgelassen haben.
das zumindest sei der entlassungsgrund.
sie müsse tatsächlich langsam geworden sein
(räume sie ein), sie habe die projektile
(sinniere sie) immer genauer gewogen –
und immer verzögerter aus den händen gegeben.

dann die gewißheit dessen, was er geahnt (geHOFFT . . .?) hätte seit dem moment, in dem der schwarzgekleidete expreßbote vor ihm gestanden sei dort im ausland

(in tiefer erschütterung, haben die traurige pflicht)

und die ungewißheit dessen, was nun zu tun (zu lassen . . .?) wäre für ihn, der eine ganz bestimmte art von empörung zu fühlen zu haben sich bewußt war

(unerwartet verewigt, schwerer schlag)

aber, sei er sich ehrlich gewesen, so habe er nicht eine spur dieser geforderten, nicht einen deut dieser pietätvollen empörung empfunden

(liebender vater, verantwortungsvoller monarch)

sondern eine völlig andere, ihn selbst (einen teil seiner selbst) zuweilen (aber nur zuweilen) empörende, diesen einen gegen einen empörend anderen teil seiner selbst empörende empörung

(anteilnahme & schmerz, gesamte nation.)

was man auf keinen fall hätte lesen sollen.
verpflichtet gewesen wäre, sofort zu melden.
den löschkommandos für feindliche wandkritzeleien.
hätte zerreißen müssen. weiterleiten.
an die geheimpolizei. direkt an den onkel.
was man sich hätte nicht zustecken lassen dürfen.
von dem, den man hätte umgehend anzeigen müssen.
dem nachzustarren (bewundernd) einem nicht anstand.
was man wenigstens hätte nicht glauben dürfen.

gerüchte. polemisches zeug. gefasel von geisteskranken.

irrtümer. hirngespinste von minderheiten.

en gros & detail: impulse zum hochverrat.

derjenige nämlich (um es auszusprechen) der wieder & wieder gekommen sei, sich eingang verschafft hätte durch eine so wenig begangene tür, habe ihm, hamlet, INDEM er gekommen sei, auch nahegelegt zu tun, was zu tun er gewunschträumt (kaum beabsichtigt) hätte seit langem. gewunschträumt hätte zu tun zwar nicht an jenem, an dem was getan worden wäre zu WIEDERHOLEN er sich immer verpflichteter gefühlt, wohl aber an genaudem, an dem genaujener genaudas getan hätte. sodaß er jetzt hätte tun sollen (zu sollen geglaubt habe) was er nicht hätte tun dürfen (zu wollen sich getraut habe) ehemals. so daß er jetzt nicht hätte tun wollen (nicht zu dürfen geglaubt habe) was er hätte tun mögen (sich zu mögen nicht getraut habe) früher.

der bruder (der mann) der blonden sei über den fluß gegangen.

sei über den fluß zu gehen GEZWUNGEN GEWESEN.

er habe nur das nötigste mitgenommen.

spätnachts (frühmorgens) sei er zur brücke hinunter.

zur eisenbahnbrücke. die sie nicht sprengen könnten.

des nachschubs wegen. er habe das zwielicht genützt.

möglichst geduckt sei er plötzlich losgerannt.

der sohn der blonden. um nicht getroffen zu werden. denn die rolle, habe es ihm zugeflüstert, das gespenst, die vorerst DER ausgefüllt habe mamá & ihm (kleinhamlet) gegenüber schmerbäuchig, erweise sich nun, da sie ausgefüllt werde bis zur deckungs-(DECKUNGS-)gleichheit von JENEM, als durchaus unabhängig von ihrem jeweiligen träger. daß daher IHM, für dessen ERZIEHUNG ZUM MANNE sich verantwortlich zu fühlen auch onkel claudius nicht lassen könne (UNMÄNNLICHES leid, KNABENHAFTER trotz wäre seine, hamlets, sogenannte trauer, vergehen am HIMMEL, an der NATUR) welch mieses stück hier gespielt werde doch wenigstens jetzt, nach diesem besetzungs (BESATZUNGS-) wechsel aufgehen müsse. und daß er doch endlich einsehen solle, wie wenig ihm allein zu schaden sie (diese rolle) lebendig erhalten werde wozu er LUST hätte verhindernd die REALITÄT demonstrierend, die eben SO & NICHT ANDERS SEI & ZU BLEIBEN HABE.

die funktion des VOR (der VORgänger) nämlich sei die, den, der NACH ihm komme (die, die NACH ihm kämen) zum NACHfolger (zu NACHfolgern) zu machen. das heiße alles, was bereits von seinem VORgänger (ihren VORgängern) daran gesetzt worden sei, ihn (sie) zum NACHfolger (zu NACHfolgern) zu machen, daran gesetzt zu haben & zu setzen, den ihm (ihnen) noch nicht hinreichend ähnlichen sich (ihnen) hinreichend ANZUÄHNELN –
und tatsächlich: beunruhigt durch ÄHNLICHKEITEN mit ihnen (dem onkel, dem vater), die er mit von tag zu tag unheimlicherer häufigkeit an sich entdeckt hätte, hätte sich hamlet schon als pubertierender manchmal die kleider vom körper gerissen, in panik –
wer wußte, was da noch wuchs an ihm (?).

vielleicht, bester gatte, bin ich ganz einfach enttäuscht über die brüske art, mit der unser sohn meinen versuch, ihm meine anteilnahme SPÜRBAR zu machen, zurückgewiesen, meine BERÜHRUNG abgestreift hat. aber sooft ich ihm seither begegne, nicht mehr davonkann vor ihm in den langen hallen, aus denen claudius, damit sich niemand dahinter verstecke, die säulen entfernen hat lassen, erschauere ich. das ist nicht mehr MEIN hamlet, der da AN MIR VORBEIgeht mit dem beklemmenden atem, dem enervierenden schritt. und auch das profil, nach dem ich manchmal schiele, unter der höher gewordenen stirn, ist nicht das seine. dagegen scheint mir der junge laertes, seit dem zwischenfall im grab allergisch schon gegen den NAMEN unseres prinzen, merkwürdigerweise diesem (dem, der er früher war) immer mehr zu gleichen. ich brauche nur meine zuneigung ihm gegenüber an der abneigung gegen den ANDEREN zu messen, um diese VERWANDLUNG IN MIR bestätigt zu finden.

von laertes übrigens wäre noch viel zu erzählen. ihm und seinem guten gedanken, die königliche familie im allgemeinen wie deren sorgenkind im besonderen aus der seit dessen rückkunft herrschenden mißstimmung zu reißen. eine sportliche auseinandersetzung, zwölf gänge mit degen & stoßklinge, anläßlich derer hamlet wieder in seine rolle als kronprinz finden soll. vergnüglicher aller voraussicht nach als das ehemals von diesem selbst organisierte auftreten wirklicher (das heißt unwirklicherer) schauspieler.

und von der wette des königs, zwölf berberhengste auf ihn, seinen ERBEN, gegen sechs französische rapiere. die den SOHN erinnern mag an die in ihn gesetzte erwartung des VATERS.

und davon, daß hamlet, statt sich auf dieses kräftemessen vorzubereiten (das training, so die mutter, würde ihm, dem die ärzte bewegung anraten, gesunden schlaf statt ungesunder gedanken, sicherlich gut tun) immer häufiger (mit besonderer VORLIEBE) promenieren wird zwischen den gräbern des schloßfriedhofs. sentenzen in seinen bart (die vernachlässigung seines äußeren wird schlimme formen annehmen) in seinen VOLLbart murmelnd, die keinem NORMALEN über die lippen kämen. sich anfreundend, man denke (!), mit den dortselbst arbeitenden totengräbern. immer vertraulicher fachsimpelnd mit solchem volk über die zersetzung von leichen unter der einwirkung von grundwasser etc.

wir wüßten zwar, wird er meditieren, der nekromant, wir wüßten zwar, was wir seien, nicht aber was wir werden könnten. oder wir wüßten, was wir gewesen seien, aber was wir seien, das verdeckten wir uns selbst. oder wir wüßten was wir gewesen seien nicht, und was wir sein würden, davon wollten wir nichts wissen. oder wir wüßten, was wir werden müßten, also je schon seien, aber von werdenkönnen sei nicht die rede. – der schädel, den wir alle mit uns herumtrügen: warum ihn einrennen an mauern, die zweifellos zu hart seien für ihn. der schädel, der uns allen immer schwerer werde: warum ihn NICHT einrennen an solchen mauern, aber mit bewußtsein. einsichtig sein in das, was nicht abwendbar sei. wollen wogegen man sich nicht wehren könne.

über die mystische relation der göttin zum könig.
sie habe zwar liebhaber, einzig zu ihrem vergnügen.
liebhaber, die sie sich wähle, um sie zu opfern.
deren blut man versprenge, das feld zu befruchten.

am siebenten vollmond nach dem kürzesten tag (das wisse er, hamlet) sei der könig gestorben.
der sieger in einem wettkampf.
das wisse er.
bis man statt seiner knaben geschlachtet habe.
das grausame antlitz zwischen den beinen.
ofelia, gut getarnt hinter weidenzweigen.
unten am fluß, wo sie singend warte auf ihn.
der wunsch & die furcht, von ihr verschlungen zu werden.
und sie wird ihn noch einmal, das LETZTE mal, in ihr boudoir bitten lassen, die durch das bevorstehende duell (denn um ein solches, wird sie sich immer sicherer sein, wird es sich handeln) zunehmend besorgte mutter. stundenlang, muß man sich vorstellen, wird es ihr mißlingen, einzuschlafen, und wird sie schließlich eingeschlafen sein, weg von ihren grübeleien, so wird sie ihr süßer laertes, immer öfter immer zusammenhängender im schlaf sprechend, wiederum aufwecken. wird sie ihn aber endlich wachgerüttelt, wachgeOHRFEIGT haben, um ihn über seine sie derart alarmierenden äußerungen auszufragen, so wird er ihren mund mit küssen zu verschließen versuchen. doch werden ihr diese, ausgetrocknet von langer schlafatmung, ziemlich brackig schmekken. – hamlet jedoch wird nicht zögernd, wie früher, aber auch nicht ungestüm, wie damals, als sie polonius gestört hat, gertrud & ihn, sondern ganz einfach, ja das ist das richtige wort, ABWESEND zur tür hereinkommen. und ihre aufforderung, neben ihr auf dem sofa platz zu nehmen, ihren versuch, einen arm um seine schulter zu legen, anschmiegsam, überhören übersehen überspüren. und vielleicht wird sie, ihm zugewandt trotz seiner abwendung, sagen wollen was längst zu sagen wäre zwischen ihr & ihm. und wahrscheinlich wird er, von ihr abgewandt trotz ihrer zuwendung,

nicht was sie redet seit kurzem, sondern wovon die rede ist seit langem hören.

was aber tun rosenkranz & güldenstern?

macht sich nicht häufiger, je kleiner die chance auf das erwartete, der zuständigen behörde zu übermittelnde schreiben, je größer die anzahl der nutzlos versessenen tage infolge der vorerst partiellen postsperre wird, etwa auf den tisch geblättert mit einem spiel karten, das sich, blasbalg einer winzigen ziehharmonika, stets in den händen desselben verdichtet verdünnt, die frage breit zwischen ihnen in hamlets alp, warum eigentlich und ob überhaupt er (der prinz) ins gras beißen müsse (?). und zum block geschichtet, kompakt, mag der stiernackigere karten & (rationalisierende) antwort vor den weniger stiernackigen hinknallen, er (der prinz) denke zu viel, der boß, mag er präzisieren, während der andere abhebt, verdattert, der anklage etwas an gewicht zu nehmen versucht, er spintisiere, der boß sei der meinung, daß hamlet zu viel denke. und schon mag aufs neue gemischt werden, kurz, mit hartem geräusch, bis sich die karten, gleichsam von selbst, auf die tischplatte blättern. und schon mag der stiernackigere, kaum merklich mit der braue zuckend, den inhalt seines blatts zur kenntnis genommen & ausgespielt haben, er (hamlet) könnte anders denken, wenn er erwachsen sei, anders als sie; und schon mag der weniger stiernackige, in die falle tappend, stich eins kassieren, wie denken wir eigentlich, desgleichen stich zwei und drei, immer weiter fragend; und schon mag rosenkranz' trumpf, neutrales rückenmuster oben, auf der ausgespielten hoffnung liegen, und – aufgedeckt – güldensterns grinsen steckenbleiben lassen im status nascendi: wir HABEN gar nicht zu denken / denken erledigt der boß.

und früher oder später, stellt er sich vor,
etwa als die staatliche post die beförderung PRIVATER brief & paketsendungen unter hinweis auf den ernst der lage die internationale spannung ÜBERHAUPT nicht mehr gewährleisten zu können bekanntgibt –
etwa als die hochschule anlaß (vorwand) für hamlets aufenthalt diese verfügung betrifft wird ausdrücklich verlautbart SÄMTLICHE fakultäten bis auf widerruf heißt es versperrt (vergittert) ist –
etwa als der kellner hörer wie alle staatsbürger rundfunkempfänger des aufrufs an die nation fremde agenten spione rechtzeitig zu erkennen zu denunzieren immer scheelere blicke kaum mehr verbirgt –
früher oder später werden rosenkranz & güldenstern der für seinen (hamlets) fall (FALL) zuständigen behörde einen besuch abzustatten nicht umhin können. und werden, parallel zueinander gestikulierend, den dort anwesenden herrn ihren auftrag sowie die erschwernis seiner ausführung begreiflich zu machen versuchen. und man wird zugänglich sein für argumente –
rechtzeitig zu verhindern, was die macht, die, insofern sie vorbeuge, klug sei, bedrohe, das sei realpolitik –;
hamlet, angenommen er denke konsequent, also nicht bloß im kopf, weiter, sei zweifellos eine gefahr nicht nur für helsingör –;
aber dem wenngleich von VATERlandsliebe, für die man auch hier einiges übrig habe, diktierten ersuchen der beiden nicht stattgeben zu können bedauern. denn unter den vorliegenden gottseisgeklagt leider allzu komplizierten umständen (das fehlen jedweden zertifikats für die mission der zwei, der bilaterale konflikt zwischen ihrem & diesem land) wird gutnachbarliche exekutionshilfe nicht zu leisten sein.

so daß ihnen (die man, wie versichert wird, kaum daran hindern werde, möglichst unauffällig selbst ZU ENDE ZU FÜHREN, woran ihrer regierung gelegen sei) letztlich was sonst denn übrig bleibe, als einmal ohne unmittelbare programmierung zu FUNKTIONIEREN. auch wenn sich güldenstern, jugendfreundschaft hin & her, immer noch nicht genug an seine eigene, immer noch viel zu viel an die haut des prinzen denkend, in der, nebenbei bemerkt, sich dieser ohnehin nicht mehr wohlfühle, die waffe, die ihm rosenkranz in die hand drücken mag, kalt, zu laden und einzustecken eine weile weigern sollte.
manchmal aber, schreibt hamlet, fantasiere er sie auch ganz anders, VERÄNDERT DEMASKIERT BIS ANS GESCHLECHT, die beiden, die hinter ihm her seien, eng umschlungen reptilienhaft auf ihn wartend, der ihnen sicher sei, und dann hätten sie gar keine waffe nötig, ihn zu zerreißen.

in dänemark hat man sich zwar gewundert, daß die königin sich ihr baby selbst zu pflegen durchaus nicht nehmen hat lassen wollen, aber das ist jahre her. so klein sei es, so hilflos, soll sie gesagt haben, DIE HOHE MUTTER, als man es ihr gezeigt habe, ein winziges stück mensch, sie, sie allein, werde es nähren & schützen. und die amme, die bereit gewesen sei, prall vor voller milch trotz der mageren jahre, soll sie, die königin, aufspringend vom wochenbett, aber nicht ohne es weiterhin, krampfhafter noch, festzuhalten, das sich rotköpfig schreiende prinzlein, wehenden nachtgewands aus dem zimmer vertrieben haben. und dann das kind an sich gedrückt, manchmal gar unter sich verborgen, tierhaft, so daß man befürchtet habe, sie möge ihm DIE LUFT ZUM ATMEN nehmen.

ihre ehe übrigens, wird gemunkelt, die ehe mit SEINER majestät, wäre schon damals längst nicht mehr die beste gewesen. habe, wird gemunkelt, nur mehr aufrechterhalten werden können als ordentlich & ruhig nach außenhin durch eine art von stillhalteabkommen, das jedem das seine zu tun und sich nicht in die angelegenheiten des sehr anderen einzumischen aufs dringlichste anempfahl. sie hätte sich, soll sie (gertrud) auf den kleinen hamlet eingeredet haben, und der verstand zwar noch nichts, spürte aber bitternis um die wangen, so daß sie ihn streicheln konnte, ER verstehe sie, er ALLEIN, zu sehr angeklammert hätte sie sich an hamlet-senior, einen vater von anfang an. denn diese enge, wenn sie beieinandergelegen seien etwa, fleisch an fleisch, habe ihr, die sie ja WAHRHABEN wollte, ANGST gemacht als möglicherweise UNWAHRE, warum bist du so weit weg. und ihre angst ihre weibliche (falls das angst WAR), habe ihn, den könig, wie hätte es auch anders sein können, obwohl er sich nichts anmerken ließ, sich MÄNNLICHER gab, die ruhe selbst, von abend zu abend, immer ärger BEUNRUHIGT, wie sie behandeln, die VERLETZBARE, die GEFÄHRLICHE. und so wäre er, hört man, seinen geschäften nachgegangen, in zunehmendem maß, sei AUSGEWICHEN GEFLOHEN in seine geschäfte, denn ein könig habe nun einmal wenig recht auf privatleben.

gertrud aber habe kein kind gewollt. es vorerst nicht zugeben mögen, daß die regel ausblieb, ihr übel wurde, sie zunahm. und dann das zurückführen wollen auf weißgottwas anderes, eine krankheit zum beispiel, die wäre ein segen gewesen. nicht wahr doktor, es ist ein myom. und dann sich eingebildet, er müsse verkrüppelt sein, der fötus, der sie beschwerte. nicht wahr doktor, ich brauche ihn nicht zur welt zu bringen. stellen sie sich das vor: der thronfolger mongolid. gebetet habe sie, heißt es, um einen abortus.

in diese wochen nun, redet man, fällt ihr näheres bekanntwerden mit claudius. dem jüngeren bruder oder neffen ihres gatten, hierin stimmen die quellen nicht überein. der zurückkommandiert worden war vorübergehend von der grenze. die der könig selbst zu schützen nunmehr die absicht hatte.

während claudius sich den inneren angelegenheiten zu widmen aufgetragen war. und diesen auftrag habe er durchaus erfüllt. auch & besonders NACH der geburt des prinzen. als ihr (der königin) bauch kein mieder mehr brauchte.

manche behaupten freilich, der könig habe von all dem GEWUSST. seinen jüngeren bruder (neffen) der königin ÜBERLASSEN als stellvertreter (geisel). denn das jahr wäre rasch zur neige gegangen. und er hätte gefürchtet um seine herrschaft.

den knaben allerdings, der nun doch ein NORMALER gewesen wäre gottlob, hätte die königin dieses verhältnisses wegen keineswegs vernachlässigt. vielmehr ihn umMUTTERT mit einer geradezu MANISCHEN geradezu (diese bezeichnung stammt vom hofarzt) HYPERTROPHEN hingabe. und wirklich hätte er zugenommen an alter und anmut. und hatte der beste & klügste zu werden im land.

andere aber sagen, der kleine wäre gar nicht der sohn des königs gewesen. und auch er selbst, hamlet, hat sich später des öfteren vorgestellt, nicht das kind seines vaters zu sein. dann jedoch müßte sich gertrud schon eher VERGESSEN haben. mit claudius. oder mit einem hofpoeten.

ein traum, ein die ganze nacht lang trotz unterbrechungen durch wiederholtes auffahren fortgesetzt geträumter, GRAUENHAFTER, gleichzeitig aber faszinierender traum, geliebter gatte, geht mir nicht aus dem kopf. laertes vor dem spiegel, sich selbst gegenüber, ich hätte schwören mögen, er sei hamlet. dann wieder trug er deine züge, der hinter dem glas, durch den immer schlimmer werdenden haarausfall dir immer ähnlicher, und der davor glich bis zum verwechseln (der immer deutlicher sich ausprägende stiernacken) dem claudius. und dann stand laertes vor claudius und hamlet vor dir, und beide waren derselbe, hamlet und laertes. und die degen klirrten, ich hielt mir die ohren zu, hörte, fühlte es aber trotzdem, dieses fürchterliche, mir bis ins rückenmark reichende klirren – und dann zerbrach der spiegel.

daß sie, rosenkranz & güldenstern, in seiner abwesenheit, seiner (trotz des ausgehverbots) immer häufigeren abwesenheit bei IHR, sein zimmer durchsuchten, sei klar. wenn er zurückkehre, manchmal ohne einen schritt vor die tür getan zu haben zurückkehre, seien ihm gewisse, wennauch noch so geringfügige indizien (veränderungen etwa der bleistiftanordnung, der papierschichtung auf dem tisch) evident. weswegen er seine notizen, seine korrespondenz (eingeschlossen jene nunmehr schon ziemlich zahlreichen briefe, deren herkunft/entstehung ihm immer noch dunkel sei) stück für stück zu verbrennen beschlossen habe. rückstandslos zu verbrennen, sobald er ein geeignetes verfahren zur beseitigung der aschenreste (sie in den wind zu blasen, scheine ihm unzureichend) entwickelt hätte.

letztlich erzählt ihm die blonde, was er nicht hören mag.

was zu erzählen (erzählt sie) verboten ist.
ihre entlassung wäre kein einzelfall.
eigentlich wären die meisten arbeitslos.
aber sie würden zum schanzen herangezogen.
gemeinsame anstrengung (heiße das) gegen den feind.
der schuld wäre (heiße es) an der fatalen lage.
den man VERNICHTEN müsse um LEBEN zu können.

während ER sie fragt, immer noch zögernd, ob sie eine pantomime über das alles zu verfassen für sinnvoll halte. die zusammenhänge vereinfacht darzustellen, die schuldigen auf der bühne zu entlarven. vage erinnere er sich an seinen ersten versuch, auf diese weise wirkung zu erzielen. jemand sei zwar, bilde er sich ein, erblaßt, aber vielleicht habe das bloß an der beleuchtung gelegen.

und möglicherweise wird sie ihm antworten, daß in einigen durchhäusern noch straßentheater spielten. die man also offensichtlich als vollkommen ungefährlich einschätze. und wahrscheinlich wird er zugeben, daß es so sein könne. und sich TROTZDEM hinsetzen, um ein paar szenen zu schreiben.

sei er jedoch (dem ausgehverbot folge leistend) NICHT bei ihr, so habe er die, zugegebenermaßen absurde, ihn aber nichtsdestoweniger bis zum davonrennen aus seinem zimmer, bis zum (der gefahr nicht achtenden) hinrennen zu ihr, ängstigende vorstellung, daß sie, rosenkranz & güldenstern, die sie ja gar nicht kennten, kennen KÖNNTEN, bei ihr seien, wie sie ehemals, körperkräftiger, IMPOSANTER als er, bei ihr, die sie SEHR WOHL gekannt hätten, bei OFELIA gewesen wären, wäre nicht er, sie BESCHWÖREND BANNEND durch musik, bei ihr gewesen.

vom verschwinden der kleinen und mittleren läden.
von der auflösung (sprengung) diverser vereine.
von den wahlen (dem sieg der einheitspartei).
von der verhaftungswelle, die immer noch rolle.
schau wie die leute über die straße huschen.
bedacht, sofort wieder unter ein dach zu kommen.
wie sie sich, siehst du, selbst vorEINANDER fürchten.
dort das gefängnis war früher ein krankenhaus.

während ER ihr erzählt, immer in abwehrhaltung, was er aus dem unfall mit polonius gelernt haben will. (sein losstechen auf den sich plötzlich bewegenden vorhang in erwartung einer kettenreaktion.) daß das neue, bessere, nicht herbeigeführt werden könne, dürfe, mit den methoden des doch nicht bloß zu ERNEUERNDEN alten. denn gewalt treffe, wie gerade dieses mißverständnis beweise, vorwiegend schuldlose. – und vielleicht wird sie ihm antworten, daß niemand schuldlos SEI, der den alten apparat (und sei es nur mit-) in schwung halte nicht hemme als noch so winziges teilchen. und vermutlich wird er vorgeben, das einzusehen das zu akzeptieren, aber nicht HANDELN zu können nach dieser einsicht.

von den methoden, die angewendet würden.
von denen, die etwas von einem erfahren wollten.
die es (deshalb die methoden) sicher erführen.
sonst würden sie (höre man) selber entsprechend behandelt.
von den lagern an der peripherie.
etwa dem aufgelassenen ziegelwerk.
von der evakuierung der lagerumgebung.
deren verminung.
von den exekutionen.

der regierungschef, schreibt er, dessen feierliches begräbnis soeben, da er diese worte schreibe, stattfinde, sei vornüber gesunken, gegen die windschutzscheibe seines angeblich kugelsicheren wagens, obwohl der schuß, schreibt er, der den regierungschef getroffen habe, laut kommuniqué von vorne abgegeben worden wäre. übrigens habe man auch, obwohl das verbrechen, immer laut kommuniqué, vom STRASSENNIVEAU her verübt worden sei, keinen einschuß in der windschutzscheibe gefunden. dagegen wäre, nicht verstummenden HETZMELDUNGEN zufolge, das rolldach des fahrzeugs im tumult kurz NACH und kurz VOR der untat offen gesehen worden. aber der neue landesvater, verwandter des bisherigen und auf dem rücksitz des autos unverletzt, habe (als glaubwürdigster augenzeuge) diese JEGLICHER GRUNDLAGE ENTBEHRENDEN behauptungen energisch dementiert.

nach dem attentat, das NICHT ZU BEMERKEN NICHT ZU BEACHTEN ihm, hamlet, weshalb bloß nicht gelungen sei
(aber er habe sich schließlich WISSEND WARUM das fenster zu öffnen vors haus zu treten die stadt zu durchstreifen so lange gesträubt)
seien auch er & die blonde vom allgemeinen AUF & DAVON, vom allgemeinen NUR WEG NICHTS ALS WEG erfaßt, und mitternachts erst von gardisten der neuen regierung (die, raschest im amt, mit notstandsgesetzen regiere) woher sie gekommen wären zurückgetrieben worden.

und daß er in der badewanne plätschert, fröhlich, und sie, die blonde, wärmt ihm das badewasser, topfweise, gießt ein, das kommt erst später, ist lange her. und daß sie ihn einseift bürstet abtrocknet kämmt, und er läßt die seifenschale schwimmen. und daß er plötzlich genau über sich das insekt weiß, sechs borstige beine auf dem weißen plafond. er habe es (so seine aufzeichnung) kriechen gehört.

und wie seine hand wird erzählt werden nach der bürste tastet das ist gegenwart. wie er die beine anwinkelt, eng an die brust, zielt mit aufeinandergetrockneten lippen. und immer wieder ist geschildert worden, wie die bürste ins wasser zurückklatscht. und er sieht einen feuchten fleck wachsen an der decke.

und daß in der mitte des flecks kein wieimmergeartetes insekt klebt.

und daß er, hamlet, der bürste im wasser mißtraut mit spitzen fingern.

und auf einmal ganz weiß im gesicht sich sehr flach an die blecherne wannenwand drückt. und die hände gegen den rand gestützt behutsam das wasser vom körper streift.

sie habe kein ungeziefer am plafond gesehen wird die blonde gesagt haben. auch später keinen dunklen knoten im seifenschaum, nicht die spur davon. ein tier mit einem menschlichen gesicht, was für ein unsinn. (hamlets verrückte angst um seine hoden.)

hier & jetzt, ofelia, erleben, MIT-erleben zu müssen (obwohl ich mich ja dagegen gewehrt habe dagegen wehre all das zu erleben, all das MIT-zu erleben mich WEIGERE) wie was dort & damals bereits geschehen ist noch geschehen wird GESCHIEHT –
als hätte man, ofelia, nicht das RECHT, in sich selbst zu versinken auf dem weg von sich zu sich –
und dann dieses gefühl, WIEDER dieses gefühl nicht loszubekommen, NICHTS zu tun, während ETWAS zu tun (die not zu WENDEN) NOTwendig wäre, und man sitzt um sich selbst herum mit dem immer unerträglicheren WISSEN (nicht mehr bloßen vermutungen) über die GESETZMÄSSIGKEIT derartiger (für die EINZIGE ausgegebener) wirklichkeit –
krieg angelegt in sogenanntem frieden dem folglich nicht mehr zu trauen ist (FRIEDE in dänemark / FRIEDE in england) –
gefangenschaft angelegt in sogenannter freiheit, die folglich nicht mehr zu genießen ist (FREIHEIT in helsingör / FREIHEIT in DIESER STADT) –
und die sachwalter solcher wirklichkeit überlebensgroß untereinander austauschbar herablächeln zu sehen väterlich von allen plakatwänden litfaßsäulen den ausblick verstellend verhängend auf irgendeine andere JEDE andere MÖGLICHKEIT –
die infame sicherheit der ewigen wiederkehr all dieses gleichen DIESESGLEICHEN in immer infameren dimensionen wenn nichts wirksames dagegen unternommen wird –
der zweifel daran, ob schon je etwas wirksames (tatsächlich wirksam GEWORDENES) dagegen unternommen worden IST –
die anstrengung, etwas für möglich zu halten, das tat-

sächlich wirksam werden KANN –
das alles ist unzumutbar, ofelia, und ich weiß nicht, wie lange ich es MIR noch zumuten DARF.

mögliche schlußkapitel

1

berichtet wird, er, hamlet, wäre auf ein die umliegenden häuser überragendes gebäude (ein hochhaus einen aussichtsturm einen flagbunker) gestiegen. ein an sich nicht zugängliches versperrtes verrammeltes weil offensichtlich baufälliges gebäude. das die regierung nicht allein zu betreten sondern auch zu renovieren verboten hätte mittels sondererlaß. das abzureißen diverse fahr- & werkzeuge bereit gestanden & gelegen wären seit wochen.

er sei, wird erzählt, in den keller eingedrungen. nachdem er je einen nagel gelockert hätte aus dem rahmen eines ebenerdigen fensters geduckt vor den scheinwerfern der patrouille nacht für nacht. und wäre die lebensgefährliche treppe hinauf. kaum luftschnappend jede einzelne stufe zählend und rückwärts (abwärts)horchend in jeder etage.

und dem regierungschef, der, von so hoch oben gesehen, anderen regierungschefs, vorgängern & nachfolgern, ähnlicher denn je gewirkt habe, wäre nichts anderes übrig geblieben, als die paar schritte von seinem (gepanzerten) dienstauto, schwer bewacht gegen anschläge von sämtlichen seiten außer eben von so hoch oben, an genaudiesem gebäude vorbeizuhasten. und hamlet, der eine waffe durchs fensterglas zu stoßen den kahlkopf unter der kappe dort tief unten anzuvisieren den hahn zu spannen den abzug zu betätigen monatelang trainiert hätte, hätte nun tatsächlich die waffe durchs fensterglas gestoßen den kahlkopf unter der kappe dort tief unten anvisiert den hahn gespannt. den abzug zu betätigen allerdings hätte er, obwohl ja das spannen des hahns das anvisieren des kahlkopfs unter der kappe dort tief unten das durchstoßen des fensterglases mit der waffe bloße vorbereitungen auf gerade diese betätigung (ein leichtes, also ganz einfaches krümmen des fingers) gewesen wären, gezögert. wie geredeweise verlautet hätte er nämlich schon während seines monatelangen trainings, obwohl ja dieses monatelange training bloße vorbereitung auf gerade diesen augenblick, dieses durch sein, hamlets, nunmehriges zögern immer längeren, gewesen wäre, in diesem seinem training unterbrochen, an der weiterführung dieses seines trainings gehindert zu werden erwartet. doch rosenkranz & güldenstern, die unverlässlichen, nach denen er sich (aus angst, sie abzuschrecken) nicht umgedreht hätte, wären ihm nicht gefolgt, ihn hinunterzustoßen auf den platz, dem regierungschef zu füßen (vater vergib mir) und hätten auch die treppe nicht angesägt in seinem rücken.

vielleicht aber hätte es auch geregnet an diesem tag, und der schirm, schützend über kappe & kahlkopf des regierungschefs gehalten von halbhinten, hätte hamlet irritiert –;

oder es hätte fliegeralarm gegeben, von sirene zu sirene gestaffeltes heulen, und die, die für die sicherheit des regierungschefs verantwortlich gewesen wären, hätten den regierungschef rasch in sicherheit gebracht –;

oder die waffe wäre schuld gewesen, hätte hemmungen gehabt, nicht hamlet, der sie umklammerte, schwitzend am kalten metall oder holz des griffs –;

oder sie hätte gar nicht schießen können, trotz der immer hektischeren betätigung ihres abzugs durch hamlet, und dem wäre erst jetzt aufgegangen, daß er dem kellner ein spielzeug abgekauft hätte.

oder aber (und diese these ist recht glaubwürdig) er wäre überhaupt nicht erschienen, der regierungschef, gar nicht zum amt gehastet von seinem gepanzerten auto, das überhaupt nicht vorgefahren wäre mp-schützen-konvoi voraus an diesem tag. wäre überhaupt nicht erschienen, rechtzeitig gewarnt durch einen anonymen, in steileckigen buchstaben geschriebenen brief.

2

auch daß er seinen koffer gepackt hätte wird berichtet. ihn leicht zubringend ohne weiteres zu versperren imstande. nicht wie ehemals so schwer als nur möglich auf dem deckel zu knien genötigt. denn was ausgepackt worden wäre, hätte sich nicht vermehrt gehabt.

er wäre vielmehr verschiedenes losgeworden. hätte verschiedenes loszuwerden doch noch eine methode gefunden. welche, sei allerdings unklar. einiges spreche für säure. aber er wäre inkonsequent gewesen.

sonst hätte er ja, sagen kritiker, gar nicht zu packen brauchen. und hätte entsprechend nicht auf dem koffer sitzend gewartet. bis sie, die blonde, zum aufbruch gewunken habe. – er hätte, in sich gespalten, auch diesmal nur halb gehandelt.

und dann wäre er also, frisch gewaschen um wenigstens eine saubere leiche abzugeben, folgsam an der hand der blonden, unter ausnützung noch intakter laubengänge unterführungen durchhäuser, quer durch die stadt richtung fluß. und hätte sich tatsächlich über die wie zu hoffen gewesen wäre aus nachschubgründen immer noch nicht gesprengte eisenbahnbrücke ans andere ufer zu wollen selbst abgenommen. wozu denn sonst, erkundigen sich verständnisvolle, wären seine in den tagen davor fortwährend wiederholten fragen an die blonde, ihren, der blonden bruder gatten sohn betreffend, nütze gewesen? diese fragen, die ja genaugenommen in bezug auf die leute, zu denen sich ihr, der blonden, bruder gatte sohn angeblich geschlagen hätte, noch genauer genommen in bezug auf die tätigkeit dieser leute, gestellt gewesen wären.

daß hamlet allerdings, unter hinweis auf das trotz aller reduktion (liquidierung) seiner besitztümer trotz häufigen handwechsels immer noch krämpfe verursachende gewicht seines gepäckstücks, dieses kurzerhand abstellend, des öfteren (obwohl durch die blonde zur eile gedrängt) pausen eingelegt um atem gerungen habe, könnten wir für symptomatisch halten. schenken wir nämlich dem glauben, was manche darüber erzählen, so hätte er auch in diesem fall, sich wieder nicht umsehend nach ihnen, mit rosenkranz & güldenstern gerechnet, speziell in der nähe klaffender, ihn an ofelias puppenküchen erinnernder häuser, am fuß von schutthalden oder am rand von bombentrichtern, in der erwartung, erledigt zu werden wie ein hund.

aber vielleicht auch hätte das geräusch, die vorhut eines geräuschs in der luft, gewittert von der blonden lang bevor die straße vibriert hätte das klirren der ketten dagewesen sei ohrenbetäubend, die beiden vorzeitig zurückgetrieben zumindest nicht weiterzugehen veranlaßt –;

oder sie hätte es doch nicht riskieren wollen, die blonde, hamlets-(seines gesinnungsumschwungs-) wegen in den rücken geschossen zu werden, HALT angeschrien, und doch nicht zu halten fähig, sondern zu rennen gezwungen –;

oder da wäre eine sperre gewesen (spanische reiter, starkstromdrähte, minen) und kein gangbarer weg daran vorbei –;

oder man hätte die brücke schon längst gesprengt gehabt und die widerstandsnester am anderen ufer schon ausgehoben.

oder aber (und das ist am wahrscheinlichsten) sie hätte überhaupt nicht existiert, die brücke, und die widerstandsnester auszuheben hätten keine spezialtruppen den fluß zu übersetzen brauchen im morgengrauen, denn von einer widerstandsbewegung wäre gar keine rede gewesen.

3

schließlich wird behauptet er wäre (und das scheint ihm am ehesten zuzutrauen) einfach sitzengeblieben im BIS AUF ABRUF gemieteten fremden-zimmer, der dinge harrend, die da hätten kommen sollen, und wäre, auch nach wiederholtem pochen poltern des kellners an die tür, nicht einmal um den luftschutzraum aufzusuchen, hervorgekommen. von einer DÄNISCHEN bombe getroffen zu werden hätte ihm, wird behauptet, eine art GERECHTER STRAFE bedeutet, vom VATERSTAAT gesandt und vom sohn, dem reuigen, in empfang genommen, und die beziehung zu der blonden sowie den wunsch, sich doch noch, wennauch ungeschickt, aufzulehnen gegen sein besonderes wie unser allgemeines geschick, hätte er ja, belastet mit viel FAMILIENSINN, um wenigstens IM UNTERGANG verzeihung zu finden, aufgegeben. was essen & trinken beträfe, so wäre ihm das nötigste vom kellner durch einen sehr schmalen türspalt gereicht worden, der (vermutlich hätte ein schweres möbelstück von innen blockiert) auch beim besten willen nicht zu verbreitern gewesen wäre.

daß er jedoch einmal (denn das hotel, strategisch bedeutenden bauten fern, sei und sei nicht ausgebombt worden) nach einem streichholz verlangt hätte und einer flasche benzin, um sich selbst anzuzünden (»appell gegen das unabänderliche«, »brutale sprache, mit dem eigenen körper gesprochen«, »totale reinigung«) dürfte auf keinen fall den tatsachen entsprechen.

alle möglichkeiten aber münden in eine wirklichkeit (un -möglichkeit). diese wirklichkeit (un- möglichkeit) ist die ausweisung (zurückweisung) hamlets sowohl als auch der beiden, die hinter ihm her sind, in ihre tragödie, schauplatz helsingör. wohin sich er, der prinz, wäre er nicht bereits vorwärtszurück geflohen, die begriffe sind austauschbar im kreis, getrennt von der blonden durch das gleiche KISMET, das sie & ihn an- & zu-einander gedrängt hat ehemals (plötzlich waren sie da die schwarzbehelmten ausgespuckt in die nach dem staatschef benannte straße sich eine schneise prügelnd mit hartbeknüttelten fäusten durch noch stehende hinwegstürmend mit spitzbenagelten füßen über bereits liegende) wohin sich hamlet bewegt weiß deportiert im viehwaggon, als er die augen öffnet, seinem (wie oft schon vorweggenommenen?) stillstand entgegen. und dunkel erinnert er sich, mit schieferen schultern denn je unter einem vaterbild gestanden zu sein, nackt und die hände erhoben darauf wartend, daß dieses vom nagel und ihm ans stamm-hirn falle, worauf er hätte verenden können mit ausgebreiteten armen. – rosenkranz & güldenstern aber, ausländer wie er, haben, unter demselben konterfei sowie dem gelächter ihrer hiesigen kollegen (war das ein spaß, das ewige buckeln) papiere, nichts als papiere aus ihren ihnen (beharrlichkeit führt zum ziel) vorgeworfenen kleiderbündeln und sich selbst, derart ihre alles andere als systemfeindliche identität beweisend, aus der bösen affäre gezogen, und hocken ihm, sieht er, vis à vis, mit nickenden köpfen. verärgert besorgt beängstigt zu sein über das scheinbare scheitern ihrer, entwaffnet & bewacht wie sie sind und auge in auge mit ihm, schwer nachholbaren mission, bräuchten die beiden (weiß hamlet) jedoch keineswegs. denn wasimmer noch VOR ihm liegt, sicher ist, belanglos die details, seine durch den aufenthalt in england end-gültig zur ausformung gelangte (deutlich gewordene) harm-losigkeit, wehrlosigkeit demgegenüber was derart tatsächlich zum

SCHICKSAL wird. wie praktisch, wird er sich freuen, der boß, wenn eine seele zwar angelegt ist auf aktivität, sich dieser jedoch, geschlagen mit einer ERBKRANKHEIT, äußerst beruhigend nicht gewachsen weiß. da bleibt die alte welt in ruhe & ordnung, auch wenn wie arg sie doch aus den fugen sei begrübelt beredet beschrieben wird wieder & wieder. und daß claudius, einer ihrer konservatoren, letzten endes doch noch fällt durch seinen geliebten sohn, der sich übrigens zuvor schon unterworfen haben wird, der größten totale die sich vorstellen läßt (»ich bin vergiftet«), wird nichts wesentliches ändern. denn vor der tür draußen (alpträumt hamlet) steht nichts neues, sondern nur die neue besetzung des ewigselben parts unter der sonne: fortinbras, siegreich zurück aus polen.

– – – – –

(beendet im juli 70)

The time is out of joint. O cursed spite,
That ever I was born to set it right!
(Shakespeare/Hamlet, Act I)

Anhang

Hamlet

Ein Zyklus in 4,5 Akten

prolog

als sein name genannt wird
zerreißt sich Rumpelstilzchen
selbst in der luft

ich spreche Dich an mit Hamlet
Dich der Du lang anonym warst

und warte die wirkung ab

1. akt: *Hamlets heim*

1 in seinem zimmer sitzend
hat Hamlet
neuerdings
das fatale gefühl
im zimmer zu sitzen

2 sich selbst auf der spur
wandert er prinzipiell
im kreis
immerhin (denkt er)
weiß ich allmählich bescheid
über meine schuhnummer

3 Hamlets wohnung
ist ziemlich windgeschützt
(relativ selten
kullert ein bleistift vom tisch
und bricht ab)

4 Hamlets bewegungen
geben sich karg gewinkelt
zögern dezent
der kopf
welkt gedankenschräg

reichere gesten
(entschlossen)
oder ein
trotzig steifes
genick
hätten in Helsingör
zu viel gegenwind

5 Hamlet schaut aus dem fenster
da fällt ihm etwas
ins auge

wozu noch (fragt er sich tränend)
der pflichtspaziergang?

zwischenakt: *Hamlets garten*

1 Hamlets radieschen
wachsen auf treibsand
schlecht

wenn ich sie umsetze (denkt er)
könnten sie kleiner werden
als sie schon sind

2 *noch* schaut Hamlet die welt
aus dem windschatten an

bildet sich ein
seine obstbäume
brechen von selbst

2. akt: *Hamlet draußen*

1 andere
klappen mitten im wald
tische und sessel auf

Hamlet errichtet
wo immer er ist
vier wände um sich

2 auch jenseits von Hamlets gartenzaun
der böige wind –

wer sich dagegen stemmt (instinktiv
also notwendig schief –)
muß nicht bemerken
wie schief die gebäude schon sind

3 trotzdem hat Hamlet
zur kenntnis zu nehmen
daß seine stadt
aus den fugen ist
(als ihm der dritte dachsparren
vor die füße fällt –)

aber die frage
der eigenen kompetenz
als *architekt*
ist ein herrliches schneckenhaus

4 (erste erscheinung Hamlet – seniors)

feste mauern mein sohn
gebaut von den altvordern
veranlaßten mich zum verbot
verändernder architektur

übertretungen
sind rigoros zu bestrafen

denkmalschutz
sei euch erste bürgerpflicht

5 auf den horizont zugehend
freut sich Hamlet
der unerreichbarkeit
seines ziels

6 (flaute):

Hamlet liegt in der sonne
und häutet sich

siehe
(erzählt er den muscheln *
die ihn umgeben –)

siehe
ich mache alles
neu

* *oder auch bademeistern*

3. akt: *Hamlet trifft Horatio*

1 (auf die Frage, wie es ihm gehe)

daß es
mir schlecht geht
finde ich eigentlich gut

daß ich gut finde daß es mir
schlecht geht darunter leide ich

daß ich darunter leide daß ich daß es
mir schlecht geht gut finde finde ich gut

daß ich gut finde daß ich darunter leide daß
ich gut finde daß es mir schlecht geht muß ich

schlecht finden wenn ich schlecht finde daß es mir
gut geht wie ich daß es mir schlecht geht eigentlich gut
finde usf.

2 Hamlet führt seine monologsäule
immer mit sich

folglich sind alle seine
gespräche
selbstgespräche

3 in sein fernrohr verkrochen
hat hamlet
(sagt er)
die chance auf ein neues
gestirn gewahrt

4 enthalten wir uns
(sagt Hamlet)
der aktivität

leben
(sagt Hamlet)
geschieht in der
leideform

5 wenn wir
(sagt Hamlet)
in zeitlupe sterben
vom steiß an

haben wir ganze
dreiunddreißig
wirbel
zu leben

gehabt

6 (Horatios antwort, die Hamlet wahrscheinlich nicht hört)

a wo entsteht der wind
der uns in den
ohren knattert –?

wo entsteht der wind
der uns sand
in die augen streut –?

wo entsteht der wind
der uns das wort
von den lippen reißt –?

der unseren aufrechten
gang behindert –?
wo entsteht der wind –?

– entsteht er draußen
auf dem feld
wo man die pappeln
gesetzt hat –?

ich *war* draußen
jenseits der pappeln
– dort regt sich
kein lüftchen –

– entsteht er
über dem fluß

wo man die mauern
gebaut hat –?

ich war drüben
am *anderen* ufer
– dort ist keine bö
zu brechen –

– fällt er somit
von den bergen
die man
planieren will –?

ich war oben
auf den höchsten gipfeln
– mein haar
wurde kaum zerzaust –

was also bleibt mir übrig
als anzunehmen
daß dieser wind
in unserer stadt entsteht

als zugwind
zwischen den häusern – – –?

b der wind hier bei uns
der die häuser abdeckt
ist keine
naturerscheinung
....
trotzdem
(beteuert
wer ihm ein segel
vorspannt)
sei NICHT DIE REDE
von professionellen
windproduzenten

zwischenakt: *(Hamlet an Ophelia)*

wenn mich meine gedanken
aus meinen luftschlössern treiben
laß mich
unter deinen haaren
campieren –
wenn sie mich suchen
mich ihren chef
(und die prozeßakten
liegen bereit –)
laß mich
die grenze deiner hüften
passieren –
wenn sie ihr urteil sprechen
werde ich abwesend sein –
gib mir
Ophelia
gib mir exil
in deinem schoß

2 (zweite erscheinung Hamlet-seniors)

wenn du die architektur
schon nicht lassen kannst
vergiß zumindestens
deine erziehung nicht –:
wir haben dich alles
in rechten winkeln gelehrt –
zu essen zu trinken
zu sprechen zu denken
zu spucken

vergiß zumindestens
deine erziehung nicht
wenn du die architektur
schon nicht lassen kannst –:
bau alles in rechten winkeln

das ist der weg
des allergeringsten widerstands
gegen den wind

4. akt: *Hamlets rückkehr und dämmerung*

I daß es
sackgassen gibt und
durchhäuser
(wo es noch ärger zieht
als anderswo –)
stört Hamlet *doch*
also geht er nach haus
spannt ein
blatt auf sein reißbrett
entwirft
wohnbezirke (alles im winkel –)
ausblick gegen den
horizont

und tapeziert
seine wände damit

II (von einem, der zum denkmal erstarrte)

1 getroffen werden
soll eine entscheidung
ich stehe da
und ziele

2 eine entscheidung
ist mir nicht *eine* entscheidung
sondern eine entscheidung
von vielen (ich ziele
noch immer –)

3 ich stehe da wie gesagt
und ziele
aber
die richtung in der ich ziele hört auf
selbstverständlich zu sein

5 ich ziele noch immer *aber*
daß ich überhaupt ziele
ist mir suspekt geworden
(ich ziele
trotzdem noch –)

12 trotzdem ziele ich noch
(behaupte ich) *aber*
kann man das (frage ich)
wirklich noch zielen nennen
dieses pendeln des laufs?

40 ich kann mir (denke ich)
zahllose zielscheiben denken
darunter auch jene
die ich mir *nicht* denken kann

99 ich stehe noch immer so da
als *ob* ich zielte
doch tun mir (zugegeben)
allmählich die arme weh

∞ allmählich tun mir die arme weh *aber*
ich senke sie nicht
(sonst hält mich am ende jemand
für impotent –)

III (kindheitserinnerung blues)

was ist hinter der planke
mit den strumpfplakaten?

ich frage –:
was ist hinter der planke
mit den strumpfplakaten?

hinter der planke mit den strumpfplakaten
ist vielleicht ein schutthaufen
mit richtigem gras

hinter der planke mit den strumpfplakaten
ist vielleicht
ein halbes haus
mit wirklichen ratten –

was ist hinter der planke
mit den strumpfplakaten?
ich frage –:
was ist hinter der planke
mit den strumpfplakaten?

hinter der planke mit den strumpfplakaten
ist möglicherweise
ein eckchen rasen
mit kressen

hinter der planke mit den strumpfplakaten
sind möglicherweise
ein paar ratten
mit katzen im genick –

was ist hinter der planke
mit den strumpfplakaten?
ich frage –:
was ist hinter der planke
mit den strumpfplakaten?

hinter der planke mit den strumpfplakaten
ist kein gras mein kleiner
sind keine kressen

hinter der planke mit den strumpfplakaten
sind keine ratten mein kleiner
ist nicht eine einzige katze

bretter sind hinter der planke
mit den strumpfplakaten
bretter für neue planken
mit neuen strumpfplakaten

das ist hinter der planke
mit den strumpfplakaten
ich sage –:
das ist hinter der planke
mit den strumpfplakaten

IV (konstellation)

kein anlaß
keine ursache
kein stein
der ins rollen kommt
keine wirkungen
folglich

keine prognose
(nicht positiv
nicht negativ)
keine vorfreude
kein protest
kein rückblick
kein gedenktag

krieg nicht und
frieden nicht
nicht leben und
nicht tod (fünfzig =
millionenfach) –

atome nicht
  elektronen nicht
    metaphysik nicht
      nicht banalität
        folglich

keine wirkungen
  keine vorfreude
    kein stein
      der ins rollen kommt

keine ursache
  kein anlaß
    alles
      in schwebe . . .

V wenn ich wirklich
(denkt Hamlet)
die neue stadt entwerfe
und die üblichen
zeichenblattformate
sind dem entwurf zu eng
was werde ich tun (?)

VI schnee auf dem fenstersims
dämpft das geheul
von draußen

Hamlet wünscht sich
niederschlagsmengen
über dem langjährigen
durchschnitt

VII auf den rücken seines pijamas
schreibt Hamlet
HAMLET
schlüpft in die kreidige jacke
und macht sein bett
im bücherregal

mögliche schlußakte:

a weiterhin zögert Hamlet
gegen den sturm zu kämpfen

wer kann beurteilen (japst er)
ob er nicht *richtig* weht –

und treibt weg

epilog zu a

sich drückend
um seine wirklichkeitsform
läßt Hamlet der nachwelt
den nachrufseufzer
»er hätte . . . «

b und epilog zu b *)

....

....

**) die ausfüllung dieser spalten sei lesern oder hörern überlassen, die mit Hamlets verhalten n i c h t einverstanden sind. statt eines e p i l o g s wäre dann vielleicht ein neuer p r o l o g zu setzen. sollte der platz nicht reichen, so mißverstehe man das nicht als hindernis –: im gegenteil wäre es überaus wünschenswert, wenn die b e s s e r e l ö s u n g über das papier hinausreichte . . .*

anhang: Hamlet-apokryphen (von pausentrotteln zu sprechen)

1 (Hamlets strategie):
Hamlet trainiert seinen
orientierungssinn

an einer karte
welche sein fenster
verhängt

2 (Hamlets engagement):
überschnell
(doch nicht allzutief)
winkelt er sich
nach zu boden gefallenen
gabeln
(in der verwartung
ein anderer
hebe sie auf –)

3 (Hamlets aktivitäten):
a
beim anblick
reparaturbedürftiger
gegenstände

ist Hamlet zufrieden
über das ungeschick
seiner hände

b
da ihm die schwerkraft
zuwider ist
läßt er sich
auf den diwan fallen
schließt seine augen
und gibt sich flugträumen hin

4 a (Hamlets philosophie):
wenn Hamlet pfeift
um besser pissen zu können
beginnen (das fenster ist offen)
die amseln zu singen

beginnen die amseln zu singen
mit wässrigen stimmen
so blüht überm gartenzaun
die sonne auf

somit:

geht die sonne auf
wenn die amseln singen
die amseln singen
wenn Hamlet zu pfeifen beginnt
und Hamlet beginnt zu pfeifen
um besser zu pissen

durchs pissen (denkt er)
erschaffe ich also den tag

b
mit aufgeblasenem brustkorb
vor dem spiegel
neigt er zur ansicht
ER umgäbe die luft
die er atmet

5 (Hamlets religiosität):
a (Psalm I)
Herr laß die türen
meines hauses
nicht aus den angeln fallen

oder nimm zumindestens
meinen atemorganen
die anfälligkeit
gegen zugluft

b (Psalm 2)
wenn Du

(was ich für möglich halte)
nicht bist
Herr
        so offenbare mir
dieses geheimnis

c

hosc in den kniekehlen
sonne im hintern
erwartet Hamlet
die erlösung

Nachbemerkung

der versuch, die eigene identität zu finden, beinhaltet das risiko, sie zu verlieren. die tradition, das totalitäre und der tod stehen der subjektiven wie kollektiven bewegung unser selbst auf uns selbst zu entgegen. menschen wie hamlet reagieren auf diese erkenntnis wie kaninchen auf den blick der schlange. und wenn sie aus ihrer erstarrung erwachen, wird ihnen die richtung der flucht zum problem.
hinter einem anderen her begegnet man sich selbst. sein fluchtversuch ist mißlungen, so wird man selbst zum fliehenden. und will mehr wissen von mehr stimmen über den anderen. um mehr über sich selbst zu erfahren. und dann: wie produktiv werden aus der ein-sicht heraus? aus den fugen ist viel, hat es da sinn, zu kitten? wenn noch dazu die veränderung unter sanktion steht. wie wird man sich selbst als inneren widerstand los?
fluchtversuch * – hamlet bleibt – hamlet, ein zyklus in 4,5 akten * – das sind drei anläufe, mit ein und demselben thema fertig zu werden. im grunde nicht nach, sondern neben-einander entstanden mögen sie (einander bedingungen und konsequenzen) den blick auf ein und dasselbe zentrum öffnen.

Wien, Oktober 1970 Peter Henisch

* Diese beiden Texte erschienen zuerst in ›Literatur und Kritik‹.

Fremdsprachige Literatur
aus der Reihe . . .

Daniil Charms · Fälle
Prosa, Szenen, Dialoge. Aus dem Russischen übersetzt und mit einem Nachwort von Peter Urban.
120 Seiten, broschiert (F 1)
»Es war morgens um halb acht. Die Buchhandlung, in der ich mir das Buch kaufte, war die Bahnhofsbuchhandlung in Köln. Wir hatten vorher zu dritt im Wartesaal gefrühstückt. Das Frühstück war nicht sehr gut. Das Buch war gut (Ich hatte gar nicht vor, ein Buch zu kaufen!) . . . Die erste Geschichte, die ich gleich im Stehen las, hieß: ›Die ausgefallene Frau‹ . . . Ich fing an zu lachen. Dabei sah ich von dem Buch auf, sah nach draußen und hörte auf zu lachen. Ich erschrak. Die Geschichte kam mir bekannt vor. Sie kam mir aber nicht bekannt vor, wie mir jene Geschichten bekannt vorkommen, die mich mit ihren großen Ansprüchen erschrecken möchten (und es auch oft geschafft hatten, aus was für schmierigen Gründen auch immer). Ich erschrak, denn die Geschichte Daniil Charms' wollte von mir nichts. Sie war einfach vor mir da, auf dem Blatt Papier.« Rolf-Dieter Brinkmann, Christ und Welt.
»Wichtig ist der Dichter Daniil Charms als weiterer ›Beleg‹ für das, was in den knapp zwei Jahrzehnten, die der russischen Moderne beschieden waren, schon durchdacht und erprobt werden konnte.« Heddy Pross-Weerth, FAZ.

Otto Grünmandl bei S. Fischer

Otto Grünmandl • Das Ministerium für Sprichwörter
Roman. 192 Seiten, Leinen

Seine Welt gewinnt eine seltsam überzeugende Architektur: »Mauern. – Städte umgürtende Wälle aus Sprichwörtern. – Sprichwörter, ausgespien von Vorübergehenden, hart gebrannt wie Ziegelsteine. – Mauern, die ringsum abschlossen, was sich dahinter zu schützen suchte. – Von Sprichwörtern Eingemauerte.« Das sind die letzten Sätze des Buchs. Das Ministerium für Sprichwörter hat diese nicht zu zähmen vermocht. Der Abfall hat sich verhärtet, er ist stärker als der Mensch. Vielleicht daß der Clown mit diesen Ziegelsteinen der Sprache noch zu jonglieren vermag? Vielleicht. Grünmandls Jongleurkünste *sind* jedenfalls Künste. Sein Roman ist ein Inbegriff surrealistischer Literatur. Keine Utopie, sondern eine aus realen Scherben zu funkelnder Unwirklichkeit gefügte Welt, ein Spruch-Kaleidoskop, mit dem es sich aufreizend spielen läßt. Ein Buch, das man oft weglegen und noch öfter wieder herbeiholen wird. Eine zerfetzte Geschichte, deren Fetzen sich doch wie von selbst immer wieder zusammenknoten. Ein Dokument der Narrenfreiheit, die zu einer höchst anspruchsvollen Lebensform wird. Ein Albdruck, den ein Anderer für uns geträumt hat. Daß wir uns und unsere Sprache entlarvt spüren, rechtfertigt ihn.«
Elisabeth Brock-Sulzer, österreichischer Rundfunk, Wien.

»Nicht einmal das ›Ministerium für Sprichwörter‹ ist real – in der Fiktion, versteht sich –, denn auch diese Fiktion erweist sich als fiktive Projektion oder Wahnidee eines pubertierenden Jünglings, der auf dem Weg zu sich selbst ist. Es scheint, als ob ein Tier sich häutete, gefahrvoll und schmerzhaft. Und die Sicherheitswelt des Sprichworts und der Umgangssprache bildet nur die eine Schicht, jene, die sich sprachlich am leichtesten und am vergnüglichsten zugleich fassen läßt.« Jost Andreas Müller, Die Weltwoche.